長谷浩也・重内俊介・清瀬真太郎 編著

豊富な実践事例とQ&Aでよく分かる！

小学校 国語科の授業づくり

はじめに

　令和2（2020）年，世界中がコロナ禍となり，政治・経済・教育等の在り方が前人未踏の領域に突入しました。それと併せ「新しい生活様式」の提案がなされました。学校教育現場では「新しい学習様式」という考え方が登場し，それに応じた指導の在り方が全国各地の教育現場では模索されています。

　このような状況下で子どもたちが，今まで以上に自律し，たくましく生き抜いていくために教師には，想定外・未知の事象に対して，これまで学習してきた力を総動員させ，自分事として主体的に事象を解決しようとする力の育成が，一層求められます。

　そのことは教育だけには留まりません。現状は，どの分野においても先行き不透明であり誰しもが明確に今後のビジョンを描くことができません。しかし，どのような状況下に置かれても立場，国籍，研究分野等を越え，それぞれの持てる力を結集しながら議論し，方向性を定めることが重要です。状況如何によっては，軌道修正を加えたり新たな考えを生み出したりするといった「他者と協働しながら解決しようとする力，生み出す力」が早急に求められます。このことを教師である私たちがこれまで以上に意識し，子どもたちに責任を持って教え導くことが必須となり，大きな重責を担うことは明らかです。

　また令和2年度は，小学校において「主体的・対話的で深い学び」を授業改善の柱とした学習指導要領が完全実施となりました。さらにそれを具現化した小学校国語教科書教材の内容も新しくなりました。そこには「QRコード」の記載が見られたり，「情報の扱い方」を指導する頁が設けられたりしています。デジタル教科書の内容もこれまで以上に充実したものとなっています。

　指導者である教師には，思考力・判断力・表現力を網羅した「話すこと・聞くこと」「書くこと」「読むこと」領域等で上記に示した内容を加え「主体的・対話的で深い学び」をキーワードとした授業づくりを行うことが求められます。それらを勘案するとこれまで以上に，授業展開について綿密な計画を立て，「付けたい力」を見極め，それに迫るための言語活動を設定しなければなりません。さらにそれらを確実に見取るための評価を行い，それをもとに授業の軌道修正を図らなければなりません。

　例えば「対話的な学び」の基盤となる「話すこと・聞くこと」領域に着目すると以下①〜④のような力の育成が一層求められます。

①　目的や解決したい事柄について何度も思考・判断を繰り返す（議論の対象となる意見の構築を行う）。そこで，相手に理解してもらえるよう言葉の選定，構成の工夫等に配慮しながら音声で表現する力を育成すること。

②　音声の保存は，多領域と比べると困難な面がある。だからこそ子どものインプットメモリや感覚だけに頼らない指導の工夫が必要となる。例えば，必要な情報を聞き取ったり，聞き抜いたりした情報を整理するといった力を育成すること。

③　①②を踏まえ誠意をもって，粘り強く，相手とやりとりをくり返し問題解決に向かい話し合うための力を育成すること。

④　①②③を基盤に問題解決を目的とした話し合うことの意義を理解し，学びに向かう力を養うこと。

　以上のことを踏まえ本書は，とりわけ小学校教育現場で指導者として教師を目指そうと勉学に励んでいる学生，教師としての経験年数が浅い指導者を対象としています。そこで本書は Chapter 1「教科書教材別ですぐに使える！各領域の指導アイデア＆ガイド」，Chapter 2「Q&A でよく分かる！国語科の授業づくり＆指導のポイント」，Chapter 3「主体的・対話的で深い学びの実現と教材研究」で構成しました。読者の方がどの Chapter から読んでいただいてもすぐに実践できたり，日々の授業づくりの中で出てくるだろう疑問点に対応できたりするよう構成しています。各 Chapter の構成は以下の通りです。

Chapter 1　教科書教材別ですぐに使える！各領域の指導アイデア＆ガイド

○目指す子どもの姿　○具体的な活動　○単元計画　○指導のポイント
○そのまま使える！活動の流れ　○プラス α

Chapter 2　Q&A でよく分かる！国語科の授業づくり＆指導のポイント

○国語科の授業づくり，日々の授業実践の中で出てくるであろう内容を網羅した Question
○具体的な事例を踏まえた Answer

Chapter 3　主体的・対話的で深い学びの実現と教材研究

○国語科における「主体的・対話的で深い学び」とは
○「話し合い」「物語文」「説明文」教材それぞれにおける教材研究の手順

　Chapter 1 においては，子どもに対して付けるべき「付けたい力」の提示とそれを受けた単元計画と指導のポイント，そして，本書を手に取った方ができるだけすぐに授業で活用したり授業展開のアイデアとなったりするよう，子どものやりとり例，発問例，板書例，ワークシート例等を記載し，授業内容について具体的なイメージが持てるようにしています。Chapter 2 では，読者の方々が日々の国語科の授業の中で曖昧になっていたり，もう少し知りたいと思われていたりする内容を「Q&A 方式」で示し，疑問解消等の一助となるようにしました。さらに Chapter 3 では，授業する上で欠かせない教材研究について述べています。

　本書を手に取ってくださった読者の方が，本書を契機に国語科の学習指導について理解を深め，少しでも自信を持って授業に臨んでもらえることを心から願っております。

2021年6月

編著者　長谷浩也　重内俊介　清瀬真太郎

CONTENTS

はじめに　　002

| Chapter 1 | 教科書教材別ですぐに使える！各領域の指導アイデア＆ガイド |

★は，ICT 機器活用プランを示しています

指導アイデア＆ガイドの使い方・6の視点　　008

話すこと・聞くこと

1　知りたいことを質問し，文章にする　　　　　　　010
　　ともだちのこと，しらせよう　（1年生）

2　相手の発言を受けて話をつなぐ　　　　　　　　　014
　　そうだんにのってください　（2年生）

3　共通点・相違点を見つけて対話する　　　　　　　018
　　山小屋で三日間すごすなら　（3年生）

4　自分の役割を意識しながら話し合う　　　　　　　022
　　クラスみんなで決めるには★　（4年生）

5　話の意図を考えてきき合い理解し合う　　　　　　026
　　きいて，きいて，きいてみよう　（5年生）

6　資料を使って，効果的なスピーチをする　　　　　030
　　今，私は，ぼくは　（6年生）

書くこと

1　観察したことを詳しく書く　　　　　　　　　　　034
　　しらせたいな，見せたいな　（1年生）

2　事実を分かりやすく報告する　　　　　　　　　　038
　　新聞を作ろう　（4年生）

3　具体的な事実や考えをもとに，提案する文章を書く　042
　　私たちにできること★　（6年生）

読むこと

1	事柄の順序を考えながら読む じどう車くらべ　　　　　（１年生）	046
2	台詞や動作化を加えながら物語を楽しむ おおきなかぶ　　　　　　（１年生）	050
3	順序を考えながら内容を捉える たんぽぽのちえ　　　　　（２年生）	054
4	文中の言葉から人物の気持ちを想像する スイミー　　　　　　　　（２年生）	058
5	文章を読んで感想を持ち，自分の考えを伝え合う ありの行列　　　　　　　（３年生）	062
6	場面を比較しながら読み，感想や考えをまとめる ちいちゃんのかげおくり　（３年生）	066
7	文章の関係を考えながら筆者の考えを捉える アップとルーズで伝える　（４年生）	070
8	登場人物の気持ちの変化を読み，話し合う ごんぎつね　　　　　　　（４年生）	074
9	要旨を捉え，考えを伝える 言葉の意味が分かること　（５年生）	078
10	優れた表現に着目して読む 大造じいさんとガン　　　（５年生）	082
11	文章構成を捉え自分の意見を表現する 時計の時間と心の時間　　（６年生）	086
12	登場人物の関係性を理解し，その生き方を話し合う 海の命　　　　　　　　　（６年生）	090

Chapter 2　Q&Aでよく分かる！国語科の授業づくり＆指導のポイント

Q01	音読はどのように指導したらいいの？	096
Q02	初発の感想をどのように書かせたり，授業で生かしたりしたらいいの？	097
Q03	書くことが苦手な子どもにどのような指導をしたらいいの？	100
Q04	メモを効果的にとらせるためには，どのようにしたらいいの？	102
Q05	インタビューを成功させるためには，どのようにしたらいいの？	105

Q06　話を受けてつなげるとはどんなこと？　106

Q07　授業の中で，どのように意見を交流させたらいいの？　107

Q08　交流型のスピーチをさせるためには，どのようにしたらいいの？　108

Q09　「話し合い」を整理させるにはどのようにしたらいいの？　109

Q10　発言を簡潔にさせるためには，どのように指導したらいいの？　110

Q11　「話し合い」の評価はどのようにしたらいいの？　112

Q12　発問はどのようにしたらいいの？　116

Q13　授業中における見取りと支援をどのようにしたらいいの？　118

Q14　国語科の指導案（展開案）はどのように書いたらいいの？　120

Q15　付けたい言葉の力を身に付けさせるための授業をするにはどうしたらいいの？　122

Q16　国語科の宿題はどのように出したらいいの？　124

Chapter 3　主体的・対話的で深い学びの実現と教材研究

1　国語科における「主体的・対話的で深い学び」とは

　1　国語科における「主体的な学び」　128

　2　国語科における「対話的な学び」　129

　3　国語科における「深い学び」　130

2　国語科の教材研究

　1　「話し合い」教材における教材研究の仕方　131

　2　「物語文」教材における教材研究の仕方　135

　3　「説明文」教材における教材研究の仕方　139

おわりに　141

Chapter 1

教科書教材別ですぐに使える！
各領域の指導アイデア＆ガイド

指導アイデア＆ガイドの使い方・6の視点

　Chapter1が示す各領域の指導アイデア＆ガイドは，以下の「6の視点」を大切に作成しています。

1

【目指す子どもの姿】

　教師が指導後の子どもの姿をイメージすることで，単元計画がより鮮明となります。そこで，教材を活用し，単元設定をすることで，どのような力が子どもに身に付くのか明記しました。

2

【具体的な活動】

　子どもが付けるべき力を見据え，単元目標を達成させるための学習活動を"具体的に"示しました。さらに学習活動を明記し意識化することで，教師が行う指導内容の明確化を図り，目標に対して「ぶれない授業」の実現を目指します。

話すこと 聞くこと 1	知りたいことを質問し，文章にする

1年下『ともだちのこと，しらせよう』（光村図書）

●目指す子どもの姿

　本単元は，友だちに質問し友だちのことを知り，それを文章に書いて知らせる学習をします。東京書籍1下「すきなきょうかはなあに」では，友だちに「好きな教科」を質問し，聞き取ったことを紹介する学習活動が設定されています。友だちへ質問させる際は「今一番楽しいことは，何ですか」から始めてみましょう。子どもからは「外遊び」「読書」「お絵かき」「折り紙」等の反応が予想されます。聞き取ったことは，ノート等にメモさせ友だちのことを紹介する文章を書かせる際の参考とさせます。子どもは，質問を繰り返す中で友だちの意外な一面を知ることができ「クラスのみんなに伝えたい」という気持ちを高め学習を進めることでしょう。また，紹介文は教科書のモデル文を参考にしながら「はじめ・中・終わり」を意識させ書かせるようにします。質問を通して聞き取った内容をもとに，文章を書かせるようにしましょう。

目標	・話し手と聞き手の双方が伝えたいこと，聞きたいことを落とさず聞き，話の内容を踏まえて感想を持つことができる。 ・紹介文に対する感想を伝え合い，互いの文章の内容及び表現のよさを見つけ伝えることができる。

具体的な活動	Point 1　簡単な友だち紹介をし，学習の見通しを持ったり，質問の仕方を学んだりしよう Point 2　友だちに質問し，詳しい内容を聞き取ろう Point 3　聞き取った内容から，友だちを紹介する文章を書こう

●単元計画（全6時間）（6時間中，話・聞3h，書3h）

1次（1h）	2次（4h）	3次（1h）
・学習課題を確認し，様々な話題（好きな食べ物，今一番楽しいこと等）で友だち紹介をすることへの見通しや質問の仕方を学ぶ。 Point 1	・前時の学習を踏まえて友だちに質問する。　Point 2 ・質問したことをもとに，友だちを紹介する文章を書く。 Point 3	・文章を読み合い，友だちの文章のよいところを見つけ，感想を伝え合う。

3

【単元計画】

　単元（学習）全体の流れが一目で分かる計画です。目標に迫る大切な活動の箇所には【Point】と明記しています。

4

【指導のポイント】

単元計画で記載した【Point】ごとに具体的な
学習活動を示しています。

Point 1 　簡単な友だち紹介をし，学習の見通しを持ったり，
質問の仕方を学んだりしよう

活動の流れ

① 教科書のやりとり例，文章例から学習の見通しを持つ。
② 教師と子どもが「好きな食べ物」という話題で対話する。その後，対話の内容をもとに教師が子どもの紹介をする。
③ ②を参考に子ども同士で対話をしたり，質問について学んだりする。
④ 対話した内容をもとに，クラス全体に友だち紹介をする。

　まず「好きな食べ物」という話題で，教師と子どもが対話をします。その後，教師が対話した内容をもとに子どもの紹介をします。この活動を通して，学習への見通しを持たせたり質問の仕方を学ばせたりします。

> まず教師が用意した台本をもとに，教師と子どもが対話をし，質問や感想の述べ方について学ばせます。その後台本なしで対話をさせます。また「いつ」「どこで」等，5W1Hを視点とした質問を考えさせることも大切です。

●教師と子どもの対話例

教師：あきさんの好きな食べ物は，なんですか。
あき：りんごです。

> りんごの好きなところについて質問をする。

教師：りんごのどういうところが好きですか。

> 味等の諸感覚を使った感想を述べるとイメージしやすい。

あき：小さい頃は苦手だったけど，かんだときに，さくっと音がして，甘くておいしいから好きです。

> 「小さい頃は苦手だった」のようにまずは相手の意見を受け止める。その後質問するところを見せる。

教師：はじめは苦手だったのですね。どうして好きになったのですか。
あき：かんだら口の中でつぶれて甘くなっていき，だんだんおいしいと思うようになりました。
教師：そうなのですね。先生は皮ごと食べるのが好きですが，どんな食べ方が好きですか。
あき：冷やして，皮をむいて，つまようじでさして食べるのが好きです。

> 教師の発言から意見の受け止め方と質問の仕方を学ばせ，話をつなげる工夫を学ばせる。やりとりを聞かせながら教師は「どんなところがよかった？」と子どもに問いながら質問や感想を述べるポイントをまとめるようにする。

↓ 対話の内容を踏まえて，あきさんの紹介をする

> あきさんの好きな食べ物は，りんごです。あきさんは，りんごをかんだときに，さくっと音がして，甘くておいしいから好きだそうです。小さい頃は苦手だったけど，かんだら，口の中でつぶれて甘くなっていき，だんだんおいしいと思ったそうです。冷やして，皮をむいて，つまようじでさして食べるそうです。
> 先生も，よくかんでりんごを食べたいと思いました。

> 相手を紹介した後，対話の内容に関する自分の感想を述べるようにする。

プラスα
▶紹介させるときのモデルを示そう 　クラスの友だちに紹介させるときは，教科書のモデル紹介文を掲示し，それを参考に紹介するようにさせるとよいでしょう。掲示するだけなく，モデル紹介文を何度も音読させると，似た表現で紹介するようになります。また，対話を通して聞き取った内容について話す際には「～だそうです。」という話し方も併せて指導しましょう。

011

5

【そのまま使える！活動の流れ】

　すぐに授業で活用できる活動の流れです。下段には，指導のポイントを具体的にまとめています。また，指導のイメージが沸くよう，図・表や子どもの発言例，板書例等，参考となる資料も載せています。

6

【プラスα】

　教師が【指導のポイント】と併せて行うと，さらに効果的な指導となる指導例を挙げながら記載しています。子どもの言葉の力を伸ばすための支援や指導方法が満載です。

知りたいことを質問し，文章にする

1年下『ともだちのこと，しらせよう』（光村図書）

● 目指す子どもの姿

　本単元は，友だちに質問し友だちのことを知り，それを文章に書いて知らせる学習をします。東京書籍1下「すきなきょうかはなあに」では，友だちに「好きな教科」を質問し，聞き取ったことを紹介する学習活動が設定されています。友だちへ質問させる際は「今一番楽しいことは，何ですか」から始めてみましょう。子どもからは「外遊び」「読書」「お絵かき」「折り紙」等の反応が予想されます。聞き取ったことは，ノート等にメモさせ友だちのことを紹介する文章を書かせる際の参考とさせます。子どもは，質問を繰り返す中で友だちの意外な一面を知ることができ「クラスのみんなに伝えたい」という気持ちを高め学習を進めることでしょう。また，紹介文は教科書のモデル文を参考にしながら「はじめ・中・終わり」を意識させ書かせるようにします。質問を通して聞き取った内容をもとに，文章を書かせるようにしましょう。

目標	・話し手と聞き手の双方が伝えたいこと，聞きたいことを落とさず聞き，話の内容を踏まえて感想を持つことができる。 ・紹介文に対する感想を伝え合い，互いの文章の内容及び表現のよさを見つけ伝えることができる。

具体的な活動	Point 1	簡単な友だち紹介をし，学習の見通しを持ったり，質問の仕方を学んだりしよう
	Point 2	友だちに質問し，詳しい内容を聞き取ろう
	Point 3	聞き取った内容から，友だちを紹介する文章を書こう

● 単元計画（全6時間）（6時間中，話・聞3h，書3h）

1次（1h）	2次（4h）	3次（1h）
・学習課題を確認し，様々な話題（好きな食べ物，今一番楽しいこと等）で友だち紹介をすることへの見通しや質問の仕方を学ぶ。　Point 1	・前時の学習を踏まえて友だちに質問する。　Point 2 ・質問したことをもとに，友だちを紹介する文章を書く。　Point 3	・文章を読み合い，友だちの文章のよいところを見つけ，感想を伝え合う。

簡単な友だち紹介をし，学習の見通しを持ったり，質問の仕方を学んだりしよう

活動の流れ

① 教科書のやりとり例，文章例から学習の見通しを持つ。
② 教師と子どもが「好きな食べ物」という話題で対話する。その後，対話の内容をもとに教師が子どもの紹介をする。
③ ②を参考に子ども同士で対話をしたり，質問について学んだりする。
④ 対話した内容をもとに，クラス全体に友だち紹介をする。

まず「好きな食べ物」という話題で，教師と子どもが対話をします。その後，教師が対話した内容をもとに子どもの紹介をします。この活動を通して，学習への見通しを持たせたり質問の仕方を学ばせたりします。

> まず教師が用意した台本をもとに，教師と子どもが対話をし，質問や感想の述べ方について学ばせます。その後台本なしで対話をさせます。また「いつ」「どこで」等，5W1Hを視点とした質問を考えさせることも大切です。

●教師と子どもの対話例

教師：あきさんの好きな食べ物は，なんですか。

あき：りんごです。

> りんごの好きなところについて質問をする。

教師：りんごのどういうところが好きですか。

> 味等の諸感覚を使った感想を述べるとイメージしやすい。

あき：<u>小さい頃は苦手だったけど，かんだときに，さくっと音がして，甘くておいしいから好きです。</u>

> 「小さい頃は苦手だった」のようにまずは相手の意見を受け止める。その後質問するところを見せる。

教師：はじめは苦手だったのですね。どうして好きになったのですか。

あき：<u>かんだら口の中でつぶれて甘くなっていき，だんだんおいしいと思うようになりました。</u>

教師：そうなのですね。先生は皮ごと食べるのが好きですが，どんな食べ方が好きですか。

あき：冷やして，皮をむいて，つまようじでさして食べるのが好きです。

> 教師の発言から意見の受け止め方と質問の仕方を学ばせ，話をつなげる工夫を学ばせる。やりとりを聞かせながら教師は「どんなところがよかった？」と子どもに問いながら質問や感想を述べるポイントをまとめるようにする。

↓ 対話の内容を踏まえて，あきさんの紹介をする

> あきさんの好きな食べ物は，りんごです。あきさんは，りんごをかんだときに，さくっと音がして，甘くておいしいから好きだそうです。小さい頃は苦手だったけど，かんだら，口の中でつぶれて甘くなっていき，だんだんおいしいと思ったそうです。冷やして，皮をむいて，つまようじでさして食べるそうです。
> <u>先生も，よくかんでりんごを食べたいと思いました。</u>

> 相手を紹介した後，対話の内容に関する自分の感想を述べるようにする。

プラスα

▶**紹介させるときのモデルを示そう**　クラスの友だちに紹介させるときは，教科書のモデル紹介文を掲示し，それを参考に紹介するようにさせるとよいでしょう。掲示するだけなく，モデル紹介文を何度も音読させると，似た表現で紹介するようになります。また，対話を通して聞き取った内容について話す際には「～だそうです。」という話し方も併せて指導しましょう。

活動の流れ

① 友だちに「今，一番楽しいこと」について質問し，その内容を聞き取る。
② 聞き取った内容をノートに書く。

> ・机間指導をする際は，質問に対して，的確な返答が書けているかを確認する。
> ・クラスで共有した質問や感想を述べる際に大切にしたいポイントを使ったやりとりをしているペアを取り上げ，クラスで紹介する。

●質問をしながら聞き取っている例

さき：れおさんが，今一番楽しいことは何ですか。
れお：シャボン玉で遊ぶのが楽しいです。
さき：わたしも好きです。どうやってシャボン玉を作りますか。
れお：ストローを液につけて，ふうーっと吹きます。
さき：そうなんですね。できたシャボン玉をわる方，わらない方どっちが好きですか。
れお：わる方が好きです。大きくふくらませてからわります。
さき：わたしもわる方がすきです。どれくらいの大きさのシャボン玉を作れますか。
れお：ドッジボールくらいの大きさです。でも風がふいたら，すぐわれてしまいます。
さき：大きいのが作れるんですね。また大きいシャボン玉を見せてください。
れお：はい。今度の生活科の時間に作りたいので，見てください。
さき：はい。いろいろと教えてくれて，ありがとうございました。

質問

　教師は，質問し内容の聞き取りが終わった後にノートにメモするよう指示します。子どもは，聞きながら書くことにまだ慣れていません。ですから話し合いが終わってから思い出して書く方が効果的です。また，子どもの記憶には限界があります。忘れてしまったときは，友だちに尋ねて書き加えるということも許容しておきます。さらにノートに書く際は，できるだけ短い言葉で書くように指導します。短い言葉でメモすることは，これまでも学習しています。しかし学習経験が少ないので，本単元でもくり返し指導するようにしましょう。

> ・ノートだけでなく，ワークシートを作成し，最初や最後の書き出しを教師と一緒に書く等して，字数制限を設けて書かせてもよい。
> ・これまで学習した教科書の該当ページを振り返らせ，イメージを持たせて短く書かせるようにする。
> ・場合によっては聞き逃した箇所を再度質問し，聞き取る時間を確保する。
> ・伝えたい言葉を四角で囲む。

れおさんのたのしいこと

シャボン玉。

・ストローをえきにつけて，ふうっとふいてする。

・わるほうがすき。

・大きくふくらませてからわる。

・ドッジボールくらいの大きさ。

・かぜがふいたらすぐわれる。

・こんどの生かつのじかんにつくる。

プラスα

▶ノート等に短くまとめさせよう　聞き取った内容を短くまとめるためには「・」を打って，箇条書きする習慣を身に付けさせましょう。また，どの位の分量で書けばよいのか一目で分かるよう，教師が実際に書いたモデルを提示することも有効です。子どもが書き慣れていれば，質問ごとに短冊や付箋に書かせるようにします。そうすることは，分量を限定することにつながります。紹介する文章を書く際にも，短冊や付箋を並べ替えながら文章を考えることができます。

① 教科書の紹介文や教師作成のモデル文を活用して文章の組み立てを知る。
② 聞き取った内容をまとめたノート等をもとに，友だちを紹介する文章を考える。
③ 友だちを紹介する文章を書く。

　教科書の紹介文や教師作成のモデル文を活用して「はじめ・中・終わり」の文章の組み立て方を指導します。教科書の紹介文は，「はじめ→友だちが一番楽しいこと」，「中→聞いて分かったこと」，「終わり→聞き取って自分が思ったこと」に分かれています。子どもに，教科書のモデル文の「はじめ・中・終わり」を枠線で囲ませると理解が深まります（表1）。質問から聞き取った内容は，中の部分に入れることも指導します。ノートに書いたものをもとに，質問に答えてもらって分かったことをどの順序で文章にするかも併せて考えさせましょう。

表1　教科書のモデル紹介文の活用例

（茶）自分が思ったこと　　（青）聞いて分かったこと　　（赤）一番楽しいこと

・「はじめ」「中」「終わり」の箇所について赤，青，茶等，教師と一緒に色分けさせる。どこに何が書いてあるのか視覚的に把握させる。

・色分けさせた後に，「それぞれの段落にどんなことが書いてあるかな。簡単に言うと？」と問い教師と一緒に見出しを付けさせる。このことは，各段落の内容理解を一層確かなものとする。

ぼくも、りかさんの二じゅうとびを、見てみたいです。

りかさんは、まい日、なわとびをれんしゅうしています。おねえさんに、とびかたをおしえてもらって、二じゅうとびを、五かいもとべるようになったそうです。

りかさんが、いま、いちばんたのしいことは、なわとびをすることです。

りかさんとなわとび
きくち　たくや

メモに書いた言葉が紹介文に書けたかどうか，聞き取った言葉に□囲みや→，紹介文にも□囲みをすると活用の跡が分かりやすい。

ノートに書いたメモ

れおさんのたのしいこと
・シャボン玉。
・ストローをえきにつけて、ふうっとする。
・わるほうがすき。
・大きくふくらませてからわる。
・ドッジボールくらいの大きさ。
・かぜがふいたらすぐわれる。
・こんどの生かつのじかんにつくる。

「かぜがふいたらすぐわれる」ことは「大きくふくらませてからわれる」の前に入れた方が伝わりやすいね。

メモをもとに書いた紹介文

れおさんとシャボン玉
山もと　さき

れおさんが、いま、いちばんたのしいことは「シャボン玉」であそぶことです。

れおさんは、ストローをえきにつけて、ふうっとふいて、シャボン玉をつくります。シャボン玉を大きくふくらませてから、わるそうです。すぐわれるけど、シャボン玉がふいたらすぐわれます。ドッジボールくらいの大きさです。こんどの生かつのじかんにつくったそうです。わたしも、れおさんがつくった大きいシャボン玉を見たいです。

プラスα

▶「はじめ・中・おわり」どの箇所から書くのかを考えさせよう　友だちの紹介文を書かせる際には「はじめ・中・おわり」どの箇所から書き始めると書きやすいか，考えさせる時間を取ることも必要です。例えば内容が充実する「中」の箇所から書きたいと考える子どももいます。その場合「どのようなことを書くのか」教師と子どもがやりとりし書く内容の見通しを持たせます。

相手の発言を受けて話をつなぐ

2年下『そうだんにのってください』（光村図書）

● 目指す子どもの姿

　2年生では，自分の考えを話すだけではなく相手の話を聞き，その内容を確かめ，詳しく質問したり共感したりしながら話し合いをさせます。東京書籍2上「うれしくなることばをあつめよう」では，どのようにして話をつなぐのか，その話し方や聞き方を学びます。そのためには教科書が示す話し合いの進め方やモデル文，QRコード等を参考に話し合うときの留意点を学ばせ，整理させることが必要です。そして話題を決めて話し合わせ，留意点に気を付けながら言葉を活用させる中で，相手の発言を受けて話をつなぎ，話し合う力を身に付けさせます。

　そのような経験を積ませる中で，子どもが，他教科や日常生活の中において相手の発言を大切にする話し合いを行えるようにしましょう。

目標	・興味を持って話を聞き，相手の発言を受けて話をつなぐことができる。

具体的な活動	Point 1	モデル文を使って話し合いの仕方を学ぼう
	Point 2	モデル文で，話のつなげ方について考えよう
	Point 3	グループの意見をまとめる練習をしよう

● 単元計画（全8時間）

1次（1h）	2次（4h）	3次（2h）	4次（1h）
・教師の相談事等を提示したり，学習の進め方を提示したりしながら単元の見通しを持つ。	・話題を決め，話し合いの仕方を学ぶ。　Point 1 ・話し合いの内容を深めるための話のつなげ方を考える。　Point 2	・グループで話し合いをする。　Point 3	・振り返りテスト等を行い，話し合いの力が身に付いたか確かめる。

モデル文を使って話し合いの仕方を学ぼう

活動の流れ

① 教科書のモデル文を役割読みさせ，話し合いの話題や内容を確認する。
② 教師が「やすださんのグループの話し合いのよいところはどこですか」と問い，グループでの話し合いの仕方について考える。
③ ②を踏まえ「話し合いで大切なこと」をまとめ，確認する。

　教科書には「わだいをたしかめる。」「ひとりずつじゅんに考えを出し合う。」「いいなと思った考えをつたえる。」といった話し合いの進め方が記載されています。それに応じてイラストと吹き出しでモデル文の記載も見られます。それを活用し「やすださんの話し合いのよいところはどこですか」と問い，子どもに考えさせながら「話し合いで大切なこと」を確認しまとめさせます。さらに QR コードを読み取り，話し合いの進め方や留意点を視聴させることも可能です。

●教科書のモデル文

①話し合いで大切なこと
考えとその理由を話す。

やすだ　わたしは、パンのしゅるいのことをきこうと思っています。ほかに、どんなことをきいたら、パンやさんのことがくわしく分かるでしょうか。

なかはら　ぼくは、何時からはたらいているかを きくといいと思います。朝、できたてのパンがならんでいたのを見て、いつ作っているのかなと思ったからです。

やすだ　何時からはたいているのですね。なかはらさんは、朝、何時ごろに見たのですか。

なかはら　八時ぐらいです。いつも、ぼくが 学校に行くときには あいています。

みき　わたしも、はたらいている時間が 知りたいです。でも、はたらきはじめる時間だけではなくて―。

②話し合いで大切なこと
友だちが言ったことをくり返し確かめたり、さらに質問する

モデル文を拡大し、黒板に掲示しながら、教師が問うようにする。子どもとのやりとりの中で教師が線を引きながら、話し合いで大切なことに気付かせていくようにする。

やりとり例

T：やすださんの話し合いでよいところはどこでしょう。
C1：はい。なかはらさんが、自分が見たことを入れて理由を言っているところです。
T：そうですね。理由があると、考えが分かりやすくなりますね。
C2：やすださんが、なかはらさんが話したことをつないで話しています。
T：なるほど。どんなふうにつないでいますか。
C3：やすださんが話したことを、くり返していたり、いいと思いますと言っていたりしているところです。

プラスα

▶「話し合いで大切なこと」を理解させ，「話し合い」で生かせるようにしよう　　教師が「話し合いで大切にしないといけないことは何ですか」と問うと子どもからは「順番に意見を話す」「最後まで友だちの意見を聞く」「決まったことを話す」等の意見が出ると考えられます。それを踏まえて，まずは教科書が示す「はじめに」「考えを言うとき，考えを聞くとき」「友だちと考えを出し合うとき」「さいごに」とした「話し合い」の進め方を押さえます。話し合いを進める際には上の実践例で挙げたような留意点も併せて指導します。その後「なぜ話し合いをするときに，このようなこと（留意点等）を大切にしなければいけないのですか」と問います。その中で「相手の意見を大切にしなければならないこと」「友だちの考えを確かめるためにくり返し話さないと話し合いがうまくいかないこと」等を子どもの発言の中から導き出しそれをクラスで共有します。

Point 2 モデル文で，話のつなげ方について考えよう

活動の流れ

① モデル文を役割読みさせ，話し合いの話題を再度確認する。
② モデル文中の「～きくのですね。」「なかはらさんは，朝，何時ごろに見たのですか。」「～いいと思います。」といった発言に着目させ，確認や共感する聞き方をしていること，質問によって話の内容が深くなったことを確認する。
③ モデル文の後に続く共感する発言や質問を考えワークシートに記入し交流する。

　相手の発言に対して，確認や共感をしながら聞かせることで内容を確実に把握させることができます。特に相手の発言の中で分からないことや詳しく聞きたいことがあれば，質問することで，話し合いの内容理解が深まります。そこで，モデル文の中で不足している情報を見つけ，質問の仕方を学ばせます。また，相手に分かりやすく伝える発言の仕方についても確認させます。このように実際の話し合いでも活用できるような活動を仕組みます。

モデル文のやすださんの質問「なかはらさんは，朝，何時ごろに見たのですか」に注目しましょう。この後，なかはらさんが「八時ぐらいです。いつも，ぼくが学校に行くときにはあいています」と答えています。あなたならこの後，共感や質問をするとしたら，どんな発言をしますか。考えてみましょう。

Aさん

そうなのですね（受け止め）。八時ぐらいからあいているのを見ているのですね。(くり返し)

ぼくは，まずは相手の意見を受け止めてからくり返そう。

Bさん

そうなのですね。八時ぐらいからあいているのを見ているのですね。（くり返し）なかはらさんは，なぜ何時ごろからはたらいているのかを聞いたのですか？(理由を問う質問)

わたしはAさんのように言ってから，なぜ時刻を聞いたのか質問しよう。

Cさん

そうなのですね。早くからあけておられるのですね。何時ごろからパンの仕込みをされているのでしょうね？(詳しくたずねる質問)

お店の人は，準備はもっと前にしていらっしゃるはずだからそのことを質問してみよう。

教師は上のようなワークシートを用意し，子どもの箇所を空欄にして提示する。上の例では，時間に関連させた受け止めや繰り返し，質問をしている。そこで教師は「受け止めてから，時間に関して，どんなふうにあなたは話したり，質問したりしますか」と問い，記入させる。それを交流することで，人によって，様々な受け答えがあることを共有させる。

プラスα

▶**教師が質問の仕方を紹介したり，意味付けしたりしよう**　質問には「どんな～ですか。」(内容を詳しくする)，「なぜ～ですか。」(理由を問う)「どちらが～ですか。」(選択を問う) 等の種類があります。いくつかの質問を学ばせることにより，子どもは，質問によって話がつながっていくことを実感します。そこで上の実践例のように，教師が「話の展開からあなたならどんな質問ができますか」と問いワークシートに記入された内容を把握します。その後「〇〇さんは，内容を詳しくする質問を書いているね」「□□さんは，そのように質問した理由について聞いているね」等，教師が質問の種類について意味付けするようにしましょう。そうすることで，質問に対する子どもの理解を深めると同時に色々な質問の種類を使ってみようとする意欲を高めることができます。

活動の流れ

① 話し合いを文字化したモデル文を役割読みし，話し合いの内容を把握する【設問1】。
② ①のモデル文を見て，考えに傍線，理由に波線を引く【設問2】。
③ 話し合いを進める人のまとめの言葉とそのようにまとめた理由を書き交流する【設問3】。

　ここでは，文字化したモデル文をもとにグループのメンバー全員に「話し合いを進める人」の立場に立たせ，話し合いで出た意見をまとめる練習をさせます。その際，教師が「なぜそのようにまとめたのか」と理由を子どもに問うことで，共感や同意する発言に着目し，その重要性に気付かせることができます。グループで話をつなげながら意見をまとめるためには，グループのメンバー全員が何のため（目的）の話し合いをしているのか確認しておく必要があります。そこで，下のようなモデル文をもとに【設問1～3】のように問い，グループの意見をまとめる練習を行いましょう。

●文字化したモデル文

【設問3】
まとめの言葉とそのようにまとめた理由を考えて書きましょう。

【設問2】
それぞれの考えと理由に線を引きましょう。

【設問1】
何についての話し合いでしょう。

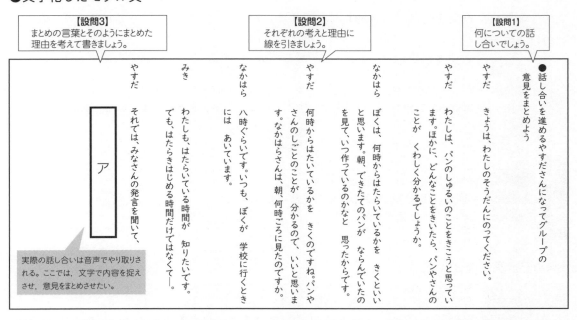

●話し合いを進めるやすださんになってグループの意見をまとめよう

やすだ　きょうは、わたしのそうだんにのってください。

やすだ　わたしは、パンのしゅるいのことをきこうと思っています。ほかに、どんなことをきいたら、パンやさんのことが くわしく分かるでしょうか。

なかはら　ぼくは、何時からはたらいているかを きくといいと思います。朝、できたてのパンが ならんでいたのを見て、いつ作っているのかなと 思ったからです。

やすだ　何時からはたらいているかを きくのですね。パンやさんのしごとのことが 分かるので、いいと思います。なかはらさんは、朝、何時ごろに見たのですか。

なかはら　八時ぐらいです。いつも、ぼくが 学校に行くときには あいています。

みき　わたしも、はたらいている時間が 知りたいです。でも、はたらきはじめる時間だけではなくて―

やすだ　それでは、みなさんの発言を聞いて、

ア

実際の話し合いは音声でやり取りされる。ここでは，文字で内容を捉えさせ，意見をまとめさせたい。

プラスα

▶共感や確認する発言の重要性を理解させよう　　グループでの話し合いでは，まず話し合いに参加しているメンバー全員が何のため（目的）の話し合いをしているのかを確認，共有することが必要です。そのためには，「○○は，良いと思います。」といった同意・共感する発言が重要です。また，意見が分からないときには「分かりにくかったので，もう一度話してください。」確認したいときには「○○とは，～ということですか。」等と聞き返したり，自分の言葉で言い換えたりする等，話し合いを円滑に行うための共感，確認するための質問についての重要性を理解させましょう。

共通点・相違点を見つけて対話する

3年上『山小屋で三日間すごすなら』（光村図書）

● 目指す子どもの姿

　本教材は【対話の練習】に位置付けられています。東京書籍3上「何をしているのかな」では「どうしてそう思ったの。」「ほとんだ。」「たしかにそうだね。」等，対話を続けるために必要となる言葉が取り上げられています。授業の中で子どもが対話する場面は，「1対1」（2人）「グループ」（3〜4人）「クラス全体」（学級全体）です。また，どの対話でも言葉を「受けて（理解して）返す」仕組みを学ばせます。本教材では，対話の進め方を理解させます。例えば「目的に沿ってメンバーで意見を出し合う」（考えを広げる）→「出た意見の共通点・相違点を見つける」（整理する）→「目的に沿って大事なことの順番を考え，持っていくものを選ぶ」（考えをまとめる）という進め方です。対話が「考えを広げる」「考えをまとめる」いずれの目的を持つものなのか意識させることが大切です。これらを学ぶことで子どもたちは，対話をする際に，言葉を受けて（理解して）返すことや進め方，目的を持って対話することを身に付けることでしょう。

目標	・比較や分類の仕方を学び，ベン図等を活用して比較・分類を行うことができる。 ・対話の目的やその進め方を知り意見の共通点や相違点を踏まえ考えをまとめることができる。

具体的な活動	Point 1	付箋を活用して，意見を出し合おう
	Point 2	共通点・相違点に着目して意見を整理しよう
	Point 3	目的に沿って意見を選ぼう

●単元計画（全3時間）

1次（1h）	2次（1h）	3次（1h）
・対話の話題を確認し，グループでしたいこと，持っていきたい物を目的や条件に沿って出し合い，それらの共通点・相違点を整理する。 Point 1・Point 2	・グループでしたいことを決め，持ち物を三つ選ぶ。 Point 3	・各グループでの対話の結果を発表し，学習を振り返る。

活動の流れ

① 対話の目的や条件を確認する。
② ①を踏まえてグループで付箋に記入する。

　Point 1 での対話の目的は，何を持っていくのかについて，目的や条件に沿って多数の意見を出すことです。教師は，それらを伝えた上で付箋にグループ内のメンバーで思いつくものを書かせます。

Ｔ：みなさんが，山小屋で三日間過ごすならどんなものを持っていきますか。条件は食料，水，着がえは持っていくことです。ふだん子どもだけではできないことをして自然とふれ合うことが目的です。付箋に書き出してみましょう。

> 付箋に書き出す際の条件，目的を示し，その範囲内で考えさせる。

ゆい　星の観察をしてみたいな。そのためには，星座早見表が必要だね。

星の観察もいいね。ぼくは昆虫を捕まえてみたい。虫かごと虫とりあみが必要だね。　ゆうた

まほ　川遊びをしたいな。サンダルや水着が必要かな。

キャンプファイヤーをしたいな。火をつけるためのマッチ，新聞紙がいるね。　はると

（やりとりをしながら付箋に記入する）

ゆいさんが記入した付箋

虫よけスプレー
星座早見表
軍手

ゆうたさんが記入した付箋

バケツ
虫かご
虫とりあみ

記入しにくい子どもには，グループで記入したものを見せ合ったり，教師が他のグループのものを紹介したりして記入させるようにしたい。

プラスα

▶**教師がモデルを示し，付箋に書かせよう**　　子どもの中には付箋に記入しにくい子もいるでしょう。まずは，教師がどのように書けばよいのかモデルを示します。例えばあるグループのやりとりをクラス全体で見るようにします。やりとりを聞きながら，教師が付箋に書きます。その際，やりとりと付箋に書いている内容をすぐに見ることができるよう，書画カメラで付箋を投影しながら書くと効果的です。教師がモデルを示すことで子どもに「こんなふうに書けばよいのか」「書けそうだ」と思わせる指導を心がけるとよいでしょう。

Point 2 共通点・相違点に着目して意見を整理しよう

活動の流れ

① 共通点・相違点に着目して付箋を動かしながら，意見のまとまりをつくる。
② 付箋のまとまりごとに見出しを付け，意見を整理する。

　グループで記入したものを共通点と相違点に着目して付箋を動かしまとまりを作ります。まとまりごとに見出しを付けます。

●考えを広げる対話で出された意見

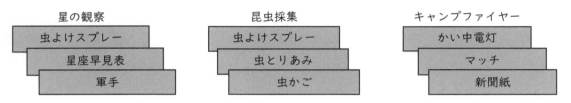

　考えをまとめる対話に進むためには，意見の整理が必要である。整理されたものを見ながら，目的や条件に応じて持っていくものの優先順位を考え，順番を付ける。

Ｔ：グループで出た意見をまとめる対話に進むために共通点・相違点に着目して整理しましょう。

Ｃ１：はい。教科書の9ページや117ページを参考に整理してみよう。それぞれしてみたいことで共通している持ち物は何だろう。

Ｃ２：キャンプファイヤーも野外だから虫よけスプレーも必要じゃないかな。夜に活動することも考えられるから，かい中電灯も必要かな。

　星の観察，昆虫採集の重なりを見ると虫よけスプレーは，共通しているね。

　教科書 p.9, p.117を参考にベン図で整理する。本事例は p.9を参照のこと。

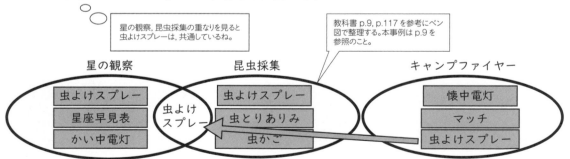

プラスα
　▶表を使って意見の整理をさせよう　　子どもにはベン図だけではなく，表を活用し，意見を整理させる練習をさせましょう。上の例を表で整理した場合，星の観察，昆虫採集，キャンプファイヤーそれぞれで何が必要なのか（虫よけスプレー），矢印や囲みを使いながら整理することができます。表の活用は，対話を可視化し，その内容を分かりやすくします。対話だけで終わらず，整理することをセットで指導するようにしましょう。詳しくは，p.109を参照ください。

Point 3　目的に沿って意見を選ぼう

活動の流れ

① ベン図を見ながら条件，目的に沿って大事なものの優先順位を考える。
② ①を踏まえて一番多くの人が大事だと思った持ち物，3つを決める。

　それぞれの活動に必要なものを考えた後は，ベン図に重なりが見られるものを大事なものと捉えます。その後，目的や条件に沿って順番を考えるための対話をします。

T：グループごとに大事なものを3つ選ぶためのまとめる対話をしましょう。対話の目的は，ふだん子どもだけではできないことをして自然とふれ合うことでした。

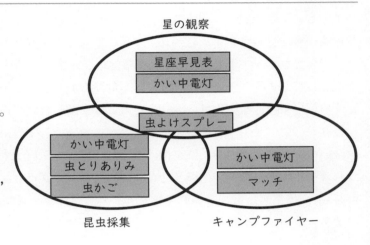

星の観察

星座早見表
かい中電灯

虫よけスプレー

かい中電灯
虫とりありみ
虫かご

かい中電灯
マッチ

昆虫採集　　　　キャンプファイヤー

●あるグループの対話例

C1：3つの活動をするのに必要なものが「虫よけスプレー」でした。次に何が必要となるかな。

C2：う〜ん。「かい中電灯」が必要だと思います。

C3：そうだね。昆虫採集も夜に活動する場合があるからね。

C4：じゃあ，【持ち物リスト】にメモしておくね。
　　あと1つ決めよう。どうやって決めようかな。

全員：う〜ん（しばらく沈黙）

C5：自然とふれ合うのに，キャンプファイヤー，星の観察，昆虫採集で持っておいたらよいものは何かな。

C6：軍手が必要じゃないかな。（後略）

> 【持ち物リスト】メモ
> 1 「虫よけスプレー」
> 2 「かい中電灯」

> 自然とふれあうためには，けがをしないで安全に活動することが一番大事かな。そのためには軍手が必要だと思うな。

プラスα

▶事柄のメリット・デメリットを考えさせよう　　上の対話例では「軍手が必要じゃないかな。」と子どもが発言しています。考えられる理由としては「自然の中では，けがをする可能性がある。だから軍手は，手を守ってくれるから必要である。」等が挙げられます。しかし，反対に子どもの中には「軍手は必要じゃない」と判断し，意見を出す場合も考えられます。その理由としては「夏場なので手が汗ばむ」等が考えられます。このようにメリットやデメリットを考えさせ，それらを書き出し，話し合いを行ったメンバーが納得するメリットの多いものから優先的に決めるようにしましょう。

自分の役割を意識しながら話し合う

4年下『クラスみんなで決めるには』（光村図書）

● 目指す子どもの姿

　子どもに学習課題について考えさせるための手段として，教科を問わず話し合いを取り入れる授業が多く見られます。しかし，安易に話し合いを取り入れることは「一部の子どもが発言するだけで終わってしまう」「全員が発言しないまま，納得しないまま，多数決でいつのまにか決まってしまう」といった授業に陥る危険もあります。子ども一人ひとりに話し合いを大切にする態度や技能を身に付けさせるためには，話し合いの進め方やその留意点を学ばせるための授業が必要です。東京書籍4年上「学校についてしょうかいすることを考えよう」でも，話し合いの進め方やその時に気を付けることは何かを学びます。まずは，話し合い教材の中に見られるモデル文の内容を把握させたり，話し合いのプロセスや司会グループ（司会・記録係・計時係），提案者，参加者等の発言を通して，付けたい言葉の力を確認させたりする授業を行います。その後，それらを踏まえた話し合いさせましょう。

目標 ・進め方や自分の役割を意識しながら話し合うことができる。

具体的な活動

Point 1 話し合いの仕方やそれぞれの役割の留意点について学ぼう
Point 2 話し合いを文字化して振り返り，次の話し合いに生かそう

●単元計画（全8時間）

0次（単元前）・1次（3h）	2次（4h）	3次（1h）
・モデル文を活用した教材研究をする。（教師） 本書 p.131「『話し合い』教材における教材研究の仕方」を参照 ・3年生までの話し合いの学習を振り返ったり，話し合いのよい例・悪い例の動画を視聴したりして，学習の見通しを持つ。	・話し合いの仕方やそれぞれの役割の留意点について学ぶ。　Point 1 ・話し合いをしたり，お互いの話し合いをモニタリングしたりする。　Point 2	・学習を振り返り，話し合いの力が身に付いたのかを確認し，学習のまとめをする。

① 教科書のモデル文を役割読みし，内容を確認する。
② モデル文中で大切にしたい司会や参加者の発言等について該当箇所に線を引く。
③ ②の該当箇所をクラス全体で確認する。

　教科書には，目標とする，話し合いのモデルや QR コードが掲載されています。QR コードの中には，話し合いの進め方や留意点等が字幕付きで視聴できるもの，付属の音声 CD には，教科書と同様のものが音声で収録されています。ここでは，教科書のモデル文を検討し，司会や参加者，話し合いの進め方や留意点を理解させます。モデル文を提示する際には，付けたい言葉の力につながる発言や留意点を伏せて提示するほうが望ましいでしょう。教師は pp.131-135 で示した教材研究を通して考えた発問を行い，実際の話し合いを始める前に，話し合いの仕方を子どもに理解させましょう。本単元では，「司会として各意見に対して同じところ・違うところを意識した発言」「参加者として議題の目標に沿って考え，途中で考えを変えた発言」に着目させましょう。

【司会として各意見に対して同じところ・違うところを意識した発言】

・じゅんびに時間がかからず，心がこもっているものは，かんしゃじょうをわたすことと，さつまいもを食べること，そして歌です。

話し合いのモデル文

【参加者として議題の目標に沿って考え，途中で考えを変えた発言】

・そう言われると，いっしょに遊んでも，かんしゃの気持ちは伝わらないかもしれません。考えを変えます。

　②の活動で子ども自身が該当箇所（例えば「参加者として途中で考えを変えた発言はどこでしょう。線を引きましょう」と問う）に線が引けるということは，音声で行われる話し合いをしても目標に沿った進行や発言ができる可能性が高くなります。また，紙面上（文字言語）で授業しておくことは，具体的な発言や話し合いの進め方のイメージを掴ませるのに効果的です。

▶モデル文の分析を生かした発問をしよう　　モデル文の分析をすることで，付けたい力に迫る発問，指示を考えるためのヒントが浮かびやすくなります。例えば，本単元でのモデル文でいえば「なぜ，参加者の〇〇は，このような質問をしているの？」「□□の発言はどの発言と関連しているの？」といった発問も考えられます。考え出した発問は書き出しておくようにします。その後，授業展開のどこで活用することができるかを考えます。さらに，発問を考えるだけではなく，発問後，子どもが「このように話す（答える）だろう」と実態を踏まえた反応例を具体的に書き出しておくことも併せてしておきます。これは授業の見取り（評価）につながります。このようにメリットの多いモデル文の分析を行い授業に臨みましょう。
（※発問に関しては，p.116を参照）

Point2 話し合いを文字化して振り返り，次の話し合いに生かそう

活動の流れ

① グループでの話し合いを文字化し，話し合いを振り返る。
② ①の振り返りから話し合いで大切なポイントを共有し，少人数で話し合いをする。
③ 少人数による話し合いを参加者で振り返る。

　音声の文字化は，子どもに話し合いの力を付けるために必須の活動です。話し合いを文字化するタイミングは大きく以下の①～③が考えられます。

① 話し合いをする前（事前の話し合い）

② 話し合いの時間内（話し合いをしている最中）

③ 話し合い後（話し合いが終わった後，次の話し合いをするまでの時間）

　①～③のように様々なタイミングがありますが，多くは②の話し合いをしている最中ではないでしょうか。やりとりを即時に文字化することで「どんなやりとりだったかな」といった曖昧な評価ではなく，根拠を明確にした評価にもつながります。また，③の活動への手助けにもなります。文字化された話し合いを振り返る際には様々な観点が考えられますが，例えば話し合いのよかったところを見つけさせたい場合，以下のような発問が考えられます。

●発問例

　　・「一番良いと思った発言は何ですか？」

　　・「誰の発言が良かったですか？」

　　・「どの発言で話し合いが進み（まとまり）ましたか？」

　　・「○○という言葉（学習のキーワード）は出てきましたか？」　等

　また，文字化をするには次のような方法が考えられます。

（1）黒板等に速記し文字化する

　「話し合い」でおこなわれている「やりとり」を聞き取り黒板等に文字化します。まずは，教師自らが黒板に話し合いの「やりとり」を板書します。その際，全てのやりとりを板書に留めようとすると，「聞き逃し」や「全部聞き取らなければならない」等の負担感があると思われます。そこで，キーワードや単語のみを板書するようにすれば，やりとりの「聞き逃し」「負担感」の軽減や子どもが話し合いの全体像を補うことができます。また少人数で話し合いをする際にも，ホワイトボード等で応用可能です。板書として文字化したものを残さないときは，メモをとらせながら聞き合い，話し合いを振り返ることができるようにしておきます。他にも，IC レコーダー等を活用し，録音したものをもとに文字化することもできます。

（2）音声文字化アプリで文字化する

　音声を文字化して授業で使用するには，子どもの発言を黒板に速記する，IC レコーダー等で録音し事後に手作業で文字起こしする等，これまで大変な労力がかかっていました。近年では，音声の認識技術が高まり，Google や Siri に代表されるような音声認識技術を応用し，音声認識したものを文字化する機器（音声文字化アプリ※）の開発が進んでいます。そのような機器を授業に活用することもできます。（※音声文字化アプリ…音声を収録することにより，その音声を瞬時に文字化することができるアプリケーションソフト。文字での視覚支援の他，様々な分野での活用が行われている。MOZICA は，音声を文字化するだけではなく，発言量をグラフで可視化したり，文字化した部分をピンポイントで聞き返したりできる機能を備えている。）

開発元　株式会社グレイシー

　教える内容を文字化するだけでなく，協働学習など子どもの主体的な発言を文字化することで，話し合いを振り返り深く考える為の新たな気付きが得られるかもしれません。ＭＯＺＩＣＡ（音声認識アプリ）では，話者毎の発言内容が色分けされ時系列のグラフで可視化されるので，全体を俯瞰して話し合いの要点を整理するといった深い学びが期待できます。

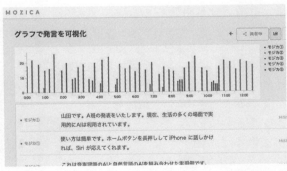

> プラスα
>
> **▶文字化することで，話し合いを具体的に振り返らせよう**　話し合いを文字化し，それを見ながら子どもたちに話し合いを振り返らせることは，実際の発言をもとに話し合いを具体的に検討することを可能にします。子どもに検討させる際には，話し合いの目標に沿った発言を取り上げることが大切です。目標に沿った発言がなければ補助発問をし，どのような発言ができるかを考えさせ，それを実際に発言させたり，ノート等に書かせたりしましょう。

話の意図を考えてきき合い理解し合う

5年『きいて，きいて，きいてみよう』（光村図書）

● 目指す子どもの姿

「対話的な学び」の中で重視される言語活動の一つが「インタビュー」です。東京書籍5年「知りたいことを聞き出そう」では，事前にインタビューメモ（質問を考える）を作成しインタビューします。インタビューの基礎となる「質問の仕方」については，中学年で学習しています。本単元は「きき手」「話し手」「記録者」の3人1グループでの学習を想定しています。そこでは，話の展開（意図）に沿った質問，応答の仕方を学びます。また「記録者」は，「きき手」「話し手」のやりとりの中心となったところを正確に記録することが求められます。教科書が示すインタビューモデル文，記録者の報告モデル文の内容を活用することで付けたい力に迫る授業展開を考えましょう。

| 目標 | ・目的や意図に応じて，話の内容を捉え，話し手の考えと比較しながら，自分の考えをまとめることができる。 |

具体的な活動	Point 1	イメージマップを作成し，話題を絞ろう
	Point 2	話題に応じた質問を考え，それに対する答えを考えよう
	Point 3	モデル文を活用してインタビューや報告の仕方を学ぼう

● 単元計画（全6時間）

1次（1h）	2次（1h）	3次（3h）	4次（1h）
・グループを作り，インタビューする順番を決める。その後友だちにきいてみたい話題を挙げ話題を絞る。　Point 1	・質問に対して予想される反応（答え）を複数考える。　Point 2	・インタビューの仕方を学んだり実際に行ったりする。またインタビューをして気付いたことを互いに伝える。　Point 3	・それぞれの役割で「きくこと」について考える。

Point **1** イメージマップを作成し，話題を絞ろう

活動の流れ

① 「きき手」「話し手」「記録者」（1人ずつ）を決める。
② 「話し手」の人柄を引き出せるよう，イメージマップを作成し話題を挙げる。
③ ②をもとに話題を絞る。

　教師が「友だちとの関わりを思い返してみましょう」「友だちの人柄を引き出せそうな話題を考えましょう」と伝えたとします。しかし，そのような手立て（指示）だけでは，お互いの人柄を引き出すような話題は生まれてきません。そこで，下のようなイメージマップ（図1）を作成する活動を取り入れ，話題となる候補を挙げ最終的に1つに絞らせます。

図1　イメージマップ

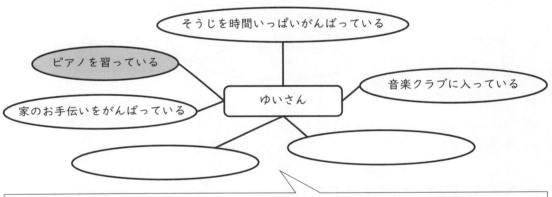

　図1のようなワークシートを作成する。話し手(ゆいさん)を中央に書き，聞きたい話題を挙げさせる。はじめは，教師と一緒に書き込みを行う。その後，残りの箇所(空白部分)は子どもに考えさせ書かせるようにする。

T：ゆいさんにきいてみたい話題を，ワークシートに書き込んでみましょう。

C1：スピーチで話をしていたピアノのことをきいてみようかな。

C2：私と同じ音楽クラブに入っているから，音楽クラブのことについてきいてみたいな。

　　　　　（上のようなやりとりを続けワークシートに書き込ませる）

T：たくさん書き込むことができましたね。その中で，きいてみたい一番の話題はどれですか。色鉛筆で色を付けてみましょう（図1では「ピアノを習っている」）。話題を選ぶときのポイントは，ゆいさんのことを知らない一面が知れそうで，それについて質問が多くできそうなものを選ぶことです。

プラスα

▶思考ツールを活用して話題を絞らせよう　　話題を選定させる際には，話し手が学校生活では見せない一面を取り上げるよう指導するようにします。そうすることで，内容についての質問を考えやすくなります。上記のイメージマップの他にも，付箋でグルーピングする等様々な思考ツールを活用して話題を絞らせましょう。

Point 2　話題に応じた質問を考え，それに対する答えを考えよう

活動の流れ

① 話題について考えられる質問を５つ程度考える。
② ①で考えた質問に対して予想される答えを書く。
③ ①②を踏まえ予想されるインタビューの展開を考える。

図２のようなワークシートに一番聞きたいこと（図１では「ピアノを習っている」）についての質問とその順番を考えさせます。教科書 p.39，pp.258-259を参考に考えさせると効果的です。

図２　質問を考えさせるためのワークシート

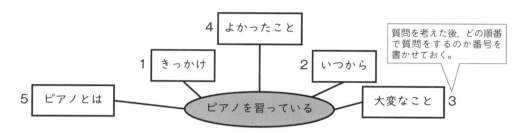

4　よかったこと
1　きっかけ
2　いつから
5　ピアノとは
ピアノを習っている
大変なこと　3

質問を考えた後，どの順番で質問をするのか番号を書かせておく。

次に質問に対して予想される答えを書きインタビューに備えます。質問する番号の順番に予想される答えを考えさせるとインタビューを行う際の展開をイメージしやすくなります。

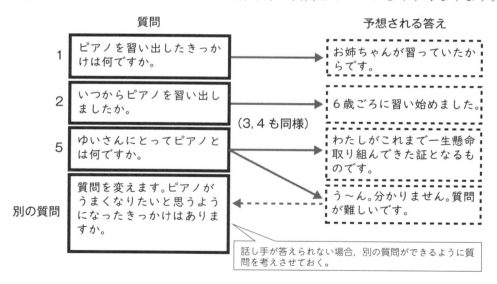

質問

1　ピアノを習い出したきっかけは何ですか。

2　いつからピアノを習い出しましたか。

5　ゆいさんにとってピアノとは何ですか。

別の質問　質問を変えます。ピアノがうまくなりたいと思うようになったきっかけはありますか。

（3，4 も同様）

予想される答え

お姉ちゃんが習っていたからです。

6歳ごろに習い始めました。

わたしがこれまで一生懸命取り組んできた証となるものです。

う〜ん。分かりません。質問が難しいです。

話し手が答えられない場合，別の質問ができるように質問を考えさせておく。

プラスα

▶質問例・予想される答えを具体的に書き上げさせよう　　インタビューは，「きき手」が「話し手」の反応を確実に理解したり，反応を見ながら質問を重ねていったりする事が大切です。上のように質問例・予想される答えを具体的に書き上げさせておくことで様々な流れにも対応でき，インタビューを成功させることにつながります。

活動の流れ

① 教科書のモデル文を活用して，インタビューや報告の仕方を学ぶ。
② ①で学んだことを踏まえて「きき手」「話し手」「記録者」に分かれインタビューする。

　インタビューをする前に，教科書のインタビュー，報告のモデル文や QR コードの内容を理解させる活動を仕組みます。例えば教科書 pp.39-40のイメージマップ，モデル文を活用した授業を展開します。

> 野球のことについて詳しく聞くために，水野さんは，白石さんにいくつの質問をしていますか。

> えーっと，5つの質問をしています。

> そうですね。5つの質問をしていますね。では教科書39ページのイメージマップを見ましょう。イメージマップにある「いつから」「野球とは」「きっかけ」「大変さ」「楽しさ」それぞれの質問は，40ページのモデルインタビュー文の中では，どの順番で質問していますか。

> 「いつから」「大変さ」「楽しさ」「野球とは」「きっかけ」の順です。

> そうですね。水野さんは，白石さんにとって難しい質問をしてしまいました。それはどの質問ですか。

> 「野球とは何ですか」の質問です。

> 　　インタビュー記録（例）
> ○白石さんの野球のこと
> ○いつ　一年生になってすぐ
> ○続けられる理由　うまくなりたい

　下線部のように，教師が「質問をどの順番で行っているのか」「きき手の質問が話し手に伝わらなかった質問はどれか」と問い教科書記載のインタビューのやりとりを理解させた上でインタビューさせます。そうすることで，徐々に内容を深めていくインタビューになります。また教科書には記載してありませんが，上のように記録者がやりとりを踏まえどのような記録をとったのかを考えさせるのも一案です。

プラスα

　▶記録メモを効果的に活用させよう　　インタビューは音声でのやり取りとなるため，話し手が伝えたい大事なことを聞き落とす可能性があります。そのため，確かな言葉の力を付けるためにも記録メモの活用が欠かせません。「キーワードのみ書く」「箇条書きで書く」「話の区切りで区切りが分かるよう間隔をあけてメモをとる」等のメモのとり方，インタビュー後に振り返って知ったことを書き足す等の方法も指導し記録メモをとらせるようにしましょう。

資料を使って，効果的なスピーチをする

6年『今，私は，ぼくは』（光村図書）

● 目指す子どもの姿

　資料を提示しながらスピーチすることを通して子どもには，聞き手意識，場面意識を持たせ，場面に応じた適切な言葉と表現方法で話せるようします。東京書籍6年「聞いてほしい，この思い」では，「導入」「話題の提示」「自分の経験」「まとめ」の構成でスピーチ学習をします。同様に本単元では，自分の思いを伝えるために「初め」「中」「終わり」といった構成を意識したり効果的に資料を提示したりしながら，「〜です」「みなさんは〜覚えていますか」といった聞き手を引きつけるのにふさわしい言葉遣いでスピーチする学習を行います。これらを学ぶことで子どもは，自分の思いを聞き手に伝える際，どういった資料や構成をすればよいのか具体的に考えられるようになるでしょう。

| 目標 | ・自分の考えが伝わるように，資料等を活用し，工夫したスピーチをすることができる。 |

具体的な活動	Point 1	これまでのスピーチ学習で付けた力を確かめよう
	Point 2	効果的なスピーチの構成を身に付けよう
	Point 3	効果的な資料の作り方や提示の仕方を学ぼう

●単元計画（全6時間）

1次（1h）	2次（3h）	3次（2h）
・これまでの「スピーチ学習」を振り返り，自分の思いを伝えるスピーチ学習の見通しを持つ。　　Point 1	・教科書のスピーチ例を使って，効果的なスピーチの構成について学ぶ。　Point 2 ・必要な資料や提示方法を考え，準備する。　　Point 3	・グループごとにスピーチの練習をする。 ・スピーチ発表会を開き感想を伝え合う。 ・学習のまとめをする。

活動の流れ

① 教師が準備した問題に取り組む。
② ①をクラス全体で確認する。
③ 誤答を見直し，自分のスピーチ力を確かめる。

　本単元に入る前に，どんなスピーチの力を付けてきたのかを振り返らせましょう。振り返りの状況を見て指導計画を立てましょう。具体的には５年生教材『提案しよう，言葉とわたしたち』（光村図書）でのスピーチのポイントについて教師が音声もしくは文字で再現し，これまでの力が身に付いているかどうかを確認します。

スピーチ例の本文
（５年生　教科書 p.214 のスピーチ）

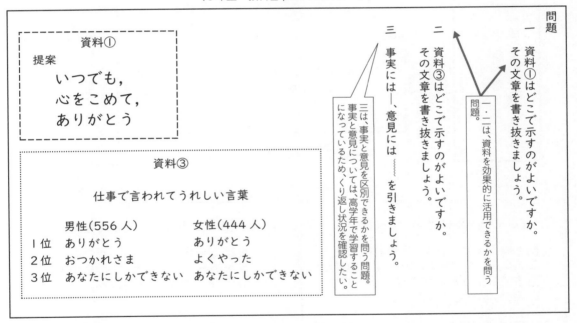

資料①

提案

いつでも，
心をこめて，
ありがとう

資料③

仕事で言われてうれしい言葉

	男性（556 人）	女性（444 人）
1 位	ありがとう	ありがとう
2 位	おつかれさま	よくやった
3 位	あなたにしかできない	あなたにしかできない

問題

一　資料①はどこで示すのがよいですか。
　その文章を書き抜きましょう。

二　資料③はどこで示すのがよいですか。
　その文章を書き抜きましょう。

三　事実には──，意見には〰〰を引きましょう。

（問題）一・二は、資料を効果的に活用できるかを問う問題。

三は、事実と意見を区別できるかを問う問題。事実と意見については高学年で学習することになっているため、くり返し状況を確認したい。

　実施後は，なぜ記入した答えが正解になるのか不正解（誤答）になるのか理由とともに確認させます。教師はこれらを把握した上で，単元計画を検討し指導にあたりましょう。

プラスα

▶「事実」と「意見」を区別させよう　「事実」と「意見」を区別させるために，５年生の教科書のスピーチ単元のモデル文を活用し指導をしましょう。教師は「事実の部分はどこですか」「意見を述べているところはどこですか」と問い，子どもに「〜でした，分かりました」（事実），「〜思います，〜にしませんか」（意見）といった文末表現に着目させて音読させたり，線を引かせたりすることで区別する力を身に付けさせましょう。

Point2 効果的なスピーチの構成を身に付けよう

活動の流れ

① 教科書のスピーチ例を活用し，内容の確認をする。（音声CDの場合もあります）
② どのような構成になっていたかを，教科書が示す矢島さんのスピーチメモで確認する。教科書が示す観点（「考えていること」「きっかけ」「感じたこと」「伝えたい思い」）になっていることを確かめる。
③ 矢島さんのスピーチ（中の部分）を読み，スピーチの工夫点を理解する。また矢島さんの提示する資料を参考にどのような資料を準備すべきかを考える。

教科書のスピーチ例，矢島さんのスピーチ（中の部分）を読み，スピーチの工夫点を確認させます。以下のようなポイントを押さえたり，子どもたちに発問したりして，工夫点を理解させます。

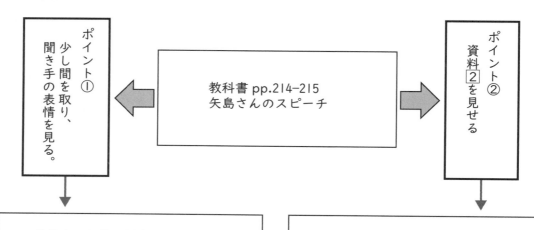

ポイント①
少し間を取り、聞き手の表情を見る。

教科書 pp.214-215
矢島さんのスピーチ

ポイント②
資料②を見せる

【ポイント①に対応した発問例】
・間を取ることや，聞き手の表情を見ることは，スピーチにどのような効果があるでしょうか。「する場合」と「しない場合」で考えてみましょう。

【ポイント②に対応した発問例】
・資料②を見せることで，どのような効果があるでしょうか。また見せない場合は，どうでしょうか。

「する場合としない場合」「見せる場合と見せない場合」のように活動を比較させることで目指したい活動やその効果を捉えさせる。

プラスα

▶**相手に伝わるスピーチを目指し，その工夫を考えさせよう**　「資料を使う」「聞き手の表情を見る」「間を取る」等，話の内容を支える工夫を教師が見せたり，事前に録画しておいた学習発表会等で行ったスピーチの様子を見せたりすることで，相手に伝わるスピーチにはどのような工夫がされているのか考えさせましょう。

Point **3** 効果的な資料の作り方や提示の仕方を学ぼう

活動の流れ

① （本時までに）発表に必要な情報を調べる。
② 図表の効果的な使い方や見せ方を考える。
　・図，表，絵，写真の特徴や効果を考える。
　・スピーチの際に資料を見せるタイミングや見せ方を考える。
③ 資料を作成する。

　Point 3では，資料を効果的に使ったり見せたりする学習をします。そこで，それぞれの資料の特徴をクラスで話し合い自分のスピーチに生かすようにします。

Ｔ：資料の特徴をみんなで出し合い，自分のスピーチに生かしましょう。それぞれの資料の特徴を整理してみましょう。

●図・表の場合

> 図・表の場合は，一目で文章の要点をつかむことができる。

Ｃ１：図は，見出し等の伝えたい文字を大きく書くことができるね。表は，何年にどんな出来事が起こったのかをまとめることができるね。図・表とも，一目で何を伝えたいのかが分かるよ。

Ｃ２：矢島さんの提示する資料「要点をまとめた資料〈資料②〉がそれにあたるね。確かに何年に何が起きたかすぐに分かるね。

●絵の場合

> 絵の場合は，文章にしたものをより具体的にイメージできる。

Ｃ３：自分のスピーチに合わせて，イメージがわくように自由に描くことができるね。

Ｃ４：絵は「今，資料として使いたい」と思ったときにすぐに用意できるね。

●写真の場合

> 写真の場合は，絵より具体的であり文章に説得力が出る。

Ｃ５：絵より具体的なイメージがわくし，写真は実物を写したものなのでスピーチを聞いている相手に説得力を持たせることができるね。

Ｔ：それぞれの特徴がありますね。特徴に応じて資料を使いましょう。そのためには資料内の情報を絞らないと聞いている人は，どの情報を見たらよいか分からなくなりますね。

> 下線のように資料内の情報を絞って提示するよう指示したい。

▶提示する情報を絞らせよう　　必要な情報に絞って提示するためには「精選して提示する」という意識を持たせます。その際に，上のような提示する資料（図・表，絵，写真）の特性を表で整理すると何が必要であるかが視覚的に捉えられます。補足して伝えたい情報がある場合は，スピーチ後に，聞き手からの質問に応答する中で伝えましょう。

プラスα

観察したことを詳しく書く

1年下『しらせたいな，見せたいな』（光村図書）

● 目指す子どもの姿

　1年生には，生活科の学習等で動植物を観察する機会が多く設定され，そのこともあり観察したことを絵や文で表現する学習を1学期から学習しています。2学期からは，それらをもっと詳しく文章で書く学習をします。「見つけたもの，発見したこと，詳しく観察したことからとびっきりのこと（情報）を友だちや先生，家の人に知らせよう」と子どもに目的を持たせ取り組ませましょう。

　本単元では観察を通して，分かったことを詳しく書くことを目的としています。教師は詳しく書くためのポイントを身に付けさせ，子どもの意欲的に書く力を伸ばしましょう。

目標	・経験したことなどから書く題材を決め，必要な事柄を集めたり確かめたりすることができる。

具体的な活動	Point 1	モデル文から違いを見つけよう
	Point 2	絵と言葉から文章を作り，短冊カードにまとめよう
	Point 3	短冊カードを作り，並べ替え，文章にしよう

●単元計画（全10時間）

1次（1h）	2次（7h）	3次（2h）
・教科書の流れを確認し，学習課題を確認する。 Point 1 ・学校で見つけたもので，家の人に知らせたいものを決める。	・知らせたいことをよく観察し，絵と短い言葉でまとめる。 ・絵と言葉から文を作り，短冊カードにする。 Point 2 ・カードを並べ替え，文章にする。 Point 3	・書いた文章を友だちと読み合い，よいところを伝え合う。 （・家の人に読んでもらい，感想をもらう。）

活動の流れ

① 教師が作成した観察文のモデル文2つ（具体的ではないモデル文・詳しく書いたモデル文）を比べて，その違いを見つける。
② 見つけた違いを意見交流し，本単元の学習で目指すべき観察文のイメージを持つ。
③ 教科書の本文を確認し，学習の見通しを持つ。

　教科書のモデル文は，付けたい言葉の力を踏まえ作成されています。ここでは，モデル文の活用例を紹介します。まず子どもが書きそうな「具体的ではないモデル文」も提示し，教科書が示すモデル文の2つと比べさせ，詳しく書く視点を確認します。次に教師が「どこがよく分かりますか？」「どこが違いますか？」と問います。場合によっては，「なぜよいと思うの？」と理由を聞いてもよいでしょう。この問いによって子どもは詳しくする視点（ここでは，色や形，大きさ，触った感じ，動き）やその効果が分かり，早く書いてみたいと思うでしょう。

例1　具体的ではないモデル文

　　　　モルモットのもこ
　　　　　　　むらた　こうき
もこのけは、やわらかいです。
めも、かわいいです。
はなもあります。
えさもたべます。

・「どこがよく
　分かります
　か？」
・「どこが違い
　ますか？」

例2　詳しく書いたモデル文

　　　　モルモットのもこ
　　　　　　　むらた　こうき
もこのけは、しろとちゃいろと
くろです。さわると、ふわふわして
いて、とてもやわらかいです。
めは、まっくろです。まるくてか
わいいです。
はなのまわりには、ながいひげ
がはえています。
えさをやると、くちをもぐもぐ
うごかしてたべます。

2の方がいいな。1だったら毛の色とか目の色とか何色なのか分からないけど，2だったら分かります。

2の方がいいな。2は，ふわふわしていてやわらかいとか，えさをやったときにもぐもぐ口を動かして食べますとか，目が丸いとか，かわいいところが分かるから。

プラスα

▶語彙を広げるための練習をさせよう　　子どもは「うれしい」等の抽象的な言葉で表現することが多いです。例えば「どうしてうれしいのかな」「どんなふうにうれしいのかな」等と問いかけます。うれしさの内容を詳しい言葉で表現させることで，ものを多面的に見つめる力や類似した言葉が増え，活用する力も付きます。日々の「うれしい」「楽しい」等，抽象的な言葉に着目した指導は，ものの見方を養ったり語彙力を高めたりすることにつながります。

　絵と言葉から文章を作り，短冊カードにまとめよう

① 知らせたいものの絵（写真でも可）をワークシート（ノート）の中央部に描く。

② 絵から線で結びながら，気が付いたこと，分かったことを短い言葉で書く。

③ ②で書いたものを友だちと見せ合い，気が付いた言葉を書き足します。

　子どもに知らせたいものをワークシートの中央に絵（写真でも可）で描かせます。題材は，書き慣れている生活科と関連している動植物がよいでしょう。子どもにとっては詳しく文章を書く初めての経験なので，共通する題材で一斉に指導することをおすすめします。ここでは，紅葉した落葉を例とします。落葉は子どもにとって身近なものであり，実物を見ながらじっくり観察することができます。また樹木により，形や色，感触も違います。同じ樹木の落葉でも全く同じものがないので秋を感じながら，自分だけの素敵な落葉を見つけようと意欲的に取り組むことでしょう。

　教科書 p.18 には，色，形等の観点が示されています。落葉を題材とすることで，同じ観点でも気が付いたことは，それぞれ違ったものになるので，一斉指導が可能となります。教師が，観点を示し，順に「色は何色かな？」とそれぞれのワークシートに書き込ませます。葉は部分的に違う色もあるので，それぞれの色を書き込ませます。形も「ぎざぎざ」「虫に食べられている」「破れている」等見て分かること，多分こうだろうと想像したことを書かせます。

ワークシート例

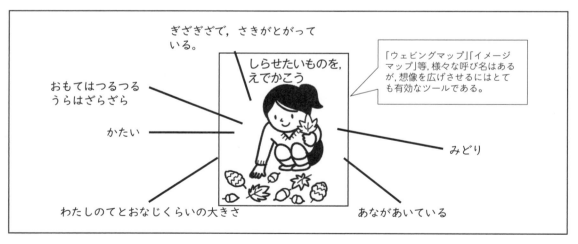

▶**観点を示しながら想像を広げさせよう**　落葉の場合は観点として色，形，大きさ，触った感じが考えられるので，1つずつ同じ観点で書かせていきましょう。同じ観点で書いても，子どもによって想像することは違います。また，子どもの中には絵で表現できていても言葉にできない場合もあります。教師が個別に絵を見て問答をしながら言語化させる指導が必要です。

Point 3　短冊カードを作り，並べ替え，文章にしよう

活動の流れ

①　Point 2 で作ったワークシートを見ながら，短冊カードに文章で書く。
②　教科書 p.19 を参考に，短冊カードを並べて，文章の順序を考える。
③　並べた短冊カードをもとに文章を書く。
④　文章を読み返し，句読点の打ち方，助詞の使い方等の間違いがないかを見直す。

　まず，教師は子どもにワークシートを見ながら短冊カードに「○○は〜です。」の形式で文章を作らせます（１つのことは１枚の短冊カードに書かせる）。次に，短冊カードを並べて，どの順序で書くか考えさせます。その際，教科書 p.19 の吹き出しを参考にさせてもよいでしょう。

【子どもの内言】
まずは色，次は形と大きさにしよう。触った感じは見ただけで分からないから，最後にしようかな。

いろは、ちゃいろとみどりです。

かたちは、ほそながいです。まわりはぎざぎざで、先がとがっています。あながあいています。

大きさは、わたしの手とおなじくらいです。

さわると、おもてはつるつるで、うらはざらざらしています。かたいです。

　１枚の短冊カードを書く順番に並べ段落を付けて書かせます。最後は，感想など短冊カードで表せなかったことや書きながら気が付いたことを書き加えさせてもよいでしょう。教師は出来上がった文と短冊を比べさせ，文章が多くなった事例や詳しい表現となったことで様子や動きが手に取るように分かりやすくなったことをクラス全体で共有させる時間を取ることが大切です。

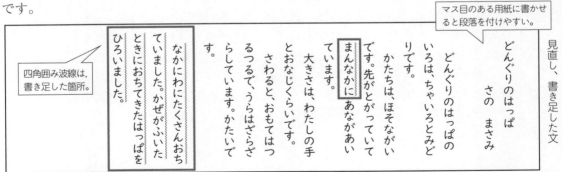

マス目のある用紙に書かせると段落を付けやすい。

四角囲み波線は、書き足した箇所。

見直し、書き足した文

どんぐりのはっぱ
　　　さの　まさみ

どんぐりのはっぱのいろは、ちゃいろとみどりです。

かたちは、ほそながいです。先がとがっていてまんなかにあながあいています。

大きさは、わたしの手とおなじくらいです。

さわると、おもてはつるつるで、うらはざらざらしています。かたいです。

なかにわにたくさんおちていました。かぜがふいたときにおちてきたはっぱをひろいました。

プラスα　▶声に出して読ませ，文章の簡単な校正をさせよう　　簡単な文章の校正をするためには，声に出して読ませると，言葉の書き間違いに気付きやすくなります。文章を書いた際は，誰かに読んでもらう前に小さな声に出して，自分で簡単な校正ができる習慣を身に付けさせましょう。

事実を分かりやすく報告する

4年上『新聞を作ろう』（光村図書）

● 目指す子どもの姿

　4年生では，友だちと一緒に調べて分かったことやクラスの様子等についてアンケートを取り，その結果を仲間に知らせる学習を行います。また，クラスの係活動等で新聞づくりに取り組んでいる学級もあることでしょう。しかし，新聞づくりは意欲的に行うものの「記事が長すぎて伝えたい事が分かりにくい」「事実（出来事）と感想（自分の思いや考え）が混ざっていて伝えたい事が伝わらない」と思っている子どももいるのではないでしょうか。事実を分かりやすく伝えるためには，構成を意識したり，見出しを付けたりする等，読み手に分かりやすく伝える工夫を考えなければなりません。本学習を通じて，そのような力を身に付けさせましょう。

目標	・集めた材料を比較したり分類したりしながら書く内容の中心を明確にし，まとまりで段落をつくったり，段落相互の関係に気を付けて文章の構成を考えたりすることができる。

具体的な活動	Point 1	付箋を使って，新聞のテーマを考えよう
	Point 2	アンケートを作成する留意点を学び，アンケートを作ろう
	Point 3	文章と図・グラフを使い分けて，分かりやすく記事を書こう

●単元計画（全12時間）

1次（1h）	2次（3h）	3・4次（5h）	5次（3h）
・実際の新聞を見て，読み手への工夫を確認したり，教科書の展開を確認したりしながら学習課題を設定する。	・どんな新聞を作るのか話し合ったり，取材の仕方を学び，実際に取材したりする。 Point 1 Point 2	・新聞のわりつけの工夫を学び，取材したことをもとに記事を書いたりする。 Point 3	・記事を推敲し，清書したり完成した記事を読み合ったりして学習のまとめをする。

① どんな内容の新聞がよいか考え付箋に書き出す（個人）。
② グループで出し合った付箋を分類し，見出しを付ける。
③ ②の中で一番，読み手が興味を持って読んでくれそうな内容を選ぶ。

新聞は読み手にとって読みたいと思ってもらえるような内容を考える必要があります。新聞づくりで大切にしたいことはテーマ設定です。そのために，教科書p.90のテーマ例を参考に子ども一人ひとりでテーマを考えさせましょう。テーマ例には「クラスの出来事」「学校の行事」「ちいきの行事」「町の安全」等が挙がっています。教師は子どもに考えさせる際のポイントとして，以下のような事に留意しテーマを考えさせましょう。

❶ テーマが読み手（クラスの友だち等）にとって興味関心をひくものであるか
❷ 十分な情報を得ることができるテーマであるか

特に❷は新聞の紙面に「どのような内容をどのくらいのせるか」を考えさせる上で大切なポイントとなります。十分な情報や記事にできる内容がないと新聞作成時に子どもが困ることになります。ある程度見通しを立てさせテーマを選ばせるようにしましょう。

次に子どもは，子ども一人ひとりで書いたテーマをグループで交流し合いながら，付箋を分類します。教師は教科書p.9「分ける・くらべる」，pp.132–133「課題の見つけ方，調べ方」を参考にさせ出された意見を分類し，見出しを付けさせるようにします。

意見の分類・見出しの付け方例

行事のこと	クラスのこと	学校のこと
ちいきのお祭り	係活動	休み時間の遊び
運動会	クラスのいいところ	先生紹介

子どもに分類させ，見出しを付けさせることで内容が整理され，どのテーマを選ぶのかについての話し合いがスムーズになります。最後は全体を見渡し「クラスの仲間が共通して知っているもの」等，一番情報を集めることができそうなテーマを選ばせるようにしましょう。

プラスα

▶見出しや写真・図・表等がない新聞について考えさせよう 「もし見出しや写真・図・表等がない新聞を見たらあなたはどのように感じますか」と問うてみましょう。あるいは，教師がそのような新聞を作成し，黒板上等で子ども新聞や一般の新聞と比べさせる活動を仕組みます。そうすることで，見出しや写真・図・表等のよさが明確になり必要性について考えさせることができます。

Point2　アンケートを作成する留意点を学び，アンケートを作ろう

活動の流れ

① 教科書 p.90 の「取材をしよう」「取材のしかた」を読み，取材の仕方の留意点を学ぶ。
② 教科書 p.96 を参考にアンケートを作成し，内容を確認する。

　Point 1 でテーマが決まれば，新聞記事の内容を充実させるために情報収集をさせます。教科書 p.90 には以下のような情報収集の情報が挙げられています。

❶実際に見て調べる　❷インタビューをする　❸図書館やインターネットで調べる
❹アンケート調査をする

　ここでは，❹に着目します。教科書 pp.96-97 の「アンケートの調査のしかた」として「アンケートを作るとき」「アンケートを集計するとき」の 2 つの項目提示があります。そこには項目ごとの留意点が書かれています。とりわけ「①答える人にとって，答えやすい問いをつくる」「②回答をおおまかに予想し，回答のしかた（答えを文章で書きこむ，用意された答えの中から選ぶ）を決める」をしっかりと考えさせることが大切です。

 「好きな給食は何ですか」という問いに対してどのようにみんなに答えてもらうのがいいかな。

 自由に書いてもらう方式にすると，色々な答えが出てきそうだね。

選択式だと，集計する時にはすぐに集計できそうだね。

たしかにそうだね。でも選択式は，集計は簡単にできそうだけど，色々な意見が出にくいかもしれないね。

 自由に書いてもらうものと選択式を使い分けたアンケート用紙ができたらいいね。

　アンケートの集計結果については，分類し，表やグラフにまとめたりする方法が紹介されています。表やグラフは視覚に訴える効果もあるので，効果的に取り入れさせましょう。

プラスα
　▶インタビューや図書館，インターネットも積極的に活用し情報を集めさせよう　情報を集める際には，インタビューや図書館，インターネット等を利用します。ただし，活用する際には，それぞれの留意点も併せて指導する必要があります。例えば，著作権のある図・写真・表等の活用の仕方，引用の仕方，インタビューした際に聞き取ったことを正確にメモする方法等です。また集めた情報が正確かどうか複数の媒体で確認させることも大切です。

① グループで作成する新聞の「わりつけ」を考える。
② 教科書 p.92の「記事の下書きの例」を見て思ったことや感じたことを交流する。
③ ②で出た意見と情報収集したものをもとに，記事の下書きをする。

　まず作成する新聞の「わりつけ」をグループで考えさせます。「わりつけ」の説明やその具体的なものは，教科書 p.159や p.91に記載があります。教師はそれらを参考にさせ，情報収集したものの中で伝えたい内容に順位付けを行わせます。この活動を取り入れることで，子どもはどれくらいのスペースが必要なのか等を考え「わりつけ」を行うことができます。また教師が「誰がどの内容について書くのか」を決めるよう指示しておくと作業がスムーズに進みます。

　次に，教科書 p.91が示す「記事の下書きの例」を提示します。「下書きの例」は文字ばかりの文章が書かれています。そこで，「下書きの例」について，「分かりやすくするために工夫すればよいところはないですか。」と問い，何を言葉で伝え，何を写真や図等で伝えるのかを考えさせます（図）。写真や図で示す際には，タイトルを付けたり，記事の内容と写真や図が合っているか確認させる時間を取ることも大切です。

図　記事の下書きの例

この見出しと記事だから……どんな資料を使えばいいかな。人数が分かるように表を入れると，一目で分かるようになるな。

見出し
中間休みアンケート
ボールを使う遊びが人気！！

　五はんでは，中間休みの時間に，どんなすごし方をしているのか，アンケートを取りました。その結果は，四十人中二十八人が，ボールを使って遊ぶことが好きだと答えました。例えば，ドッジボールが十五人，キックベースボールが十三人でした。

見出しと記事の内容は合っているかな。ドッジボールとキックベースを「ボールを使う遊び」とまとめたけど，みんなに伝わるかな。「ボールを投げる遊び」「ボールを受けたり，けったりする遊び」と分けて示してもよいかな。

▶文章と図・グラフのバランスを考えさせよう　　わりつけを考えさせる際，教師は「文章ばかりで○○のことを伝えるとなると伝わるか」「図やグラフばかりで○○のことを伝えるとなると伝わるか」等と子どもたちに問います。新聞を作る際は，読み手を意識して読みやすいわりつけを考えることが大切です。そこで，クラスの仲間の多くに読み手になってもらい，文章と図・グラフのバランスを考える活動を取り入れましょう。

具体的な事実や考えをもとに，提案する文章を書く

6年『私たちにできること』（光村図書）

● 目指す子どもの姿

　本教材では，具体的な事実「電気を消し忘れている教室をときどき見かける。」「新聞に節電に関する記事が載っていた。夏は電力の使用が増える。」といった学校の様子，環境問題（エネルギー，水，ごみ，食料等）に関して，現状と問題点を踏まえながら具体的な内容（解決方法等）について提案する文章を書く学習をします。提案性のある文章とするためには，資料を集め構成メモから提案する文章を書くことが大切な学習となります。教師は，具体的な事実（根拠）から子どもの考えが盛り込まれる提案文となるよう授業展開の工夫をし，現状と問題点を踏まえた文章が書けるようにしましょう。

目標	・筋道の通った文章となるように，文書の構成や展開を考えることができる。

具体的な活動	Point 1	モデル文を参考に学習の見通しを持とう
	Point 2	提案文を書くための情報を集めよう
	Point 3	構成メモをもとに ICT を用いて提案文を書こう

●単元計画（全10時間）

1次（2h）	2次（3h）	3次（3h）	4次（2h）
・教科書のモデルを参考に学習の見通しを持つ。　Point 1 ・提案文を書くための資料を集める。　Point 2	・グループで提案内容について話し合う。 ・提案文の構成メモを考える。	・グループで提案文の下書きをする。　Point 3 ・下書きをグループで検討して清書する。	・書いた提案文を他のグループと交流する。 ・本単元の学習を振り返る。

Point **1** モデル文を参考に学習の見通しを持とう

活動の流れ

① 身の回りにある問題（学校生活，社会生活等）について考える。
② 教科書 p.74の提案文（モデル文）を見て，学習のゴール像を確かめる。
③ 教科書 p.70の「学習の進め方」を参考に学習計画を立てる。

　教師が子どもに学校生活や社会生活の中にある問題について考えさせる上で大切なのは，「自分たちが取り組めそうなテーマ」を見つけさせることです。学校生活や社会生活の中には，様々な問題があります。しかし本単元では，起こっている事実（根拠）について子どもたち自身が解決するために取り組めるものでないといけません。まずは問題を挙げさせ，そこから「自分たちの力でできる取り組みはどれか」を考えさせましょう。テーマについては，教科書の「テーマ例」を紹介したり，教師が事前に考えたテーマ例を提示したりするのもよいでしょう。

　おおよそのテーマが決まれば，学習のゴール像を示し見通しを持たせましょう。教科書 p.74には，岩崎さん，岡田さん，関口さん，矢島さんのグループの提案文「節電をして，環境にやさしい学校へ」が掲載してあります。このようなモデルを示すことで，子どもの学習への意欲付けや「誰に向けて，何のために書くのか」といった相手意識・目的意識を持たせましょう。

学習の終わりには，p.74のような提案文を書きますよ。
協力して作成しましょう。

難しそうだな。でも，グループで分担してすればできそうだな。
どんなことに気を付けるとモデルのような文が書けるかな。

モデル文の横に何か書いてあるね。「きっかけとなった経験」
「現状や問題点」「提案すること」……これをまずは考えないと，すぐには書けないね。

プラスα　▶**学習の見通しを持たせる掲示をしよう**　　学習の見通しを持たせるために，教科書 p.70のような「学習の進め方」を教室内に掲示しておくのもよいでしょう。どのようなステップで学習が進むのかが分かれば，子どもたちは毎時間，主体的に学習に取り組むことができます。また，教師作成の提案文（モデル文）の掲示も意欲を喚起させる手立てとなります。

Point2 提案文を書くための情報を集めよう

活動の流れ

① グループでテーマの確認をする。
② インタビューをしたり本やインターネット等を活用したりして，テーマについて調べる。
③ テーマについて，分かったことと問題点を表に整理する。

　テーマが決まれば，本やインターネットまたは，取り上げようとしている問題に詳しい方にインタビューする等して情報を集めましょう。まずは，個人で情報を集め，グループで共有します。（調べるには，時間を要します。総合的な学習の時間や宿題等と連携して進めるのが効果的です。また，図書館司書と連携を図りながら，子どもたちのテーマに沿った書籍を配架してもらうとよいでしょう）

　次に，調べたことを下のようなワークシートで，テーマについて「分かったこと」と「問題点」を下表のように整理させます。表に整理させることで，「現状と問題点を踏まえ自分たちが提案できることは何か」が具体的になります。（※表の整理については，p.109を参照）

表　テーマについて「分かったこと」と「問題点」を書き込むワークシート例

テーマ	分かったこと	問題点	提案できそうなこと
ごみ問題について	・ごみ収集日が決まっている。 ・ごみの中でも，お金を出して回収してもらうものがある。（エアコン，冷蔵庫等） ・リサイクルが推進されている。 ・スーパーやコンビニ等，レジぶくろが有料化となり，エコバックの利用が進んでいる。	・指定されたように分別がされていない場合がある。それによって，収集される方がけがをされた例がある。 ・収集日以外にごみステーションにごみが出されている。	・エコバックの利用の推進。 ・ごみの分別の推進。（市や町が出している，ごみの分別表を参考に小学生向けに作成してみる）
食料問題について	・原材料の多くを輸入にたよっている。	・はいきする量が年々増加し，ごみとなっている場合がある。	・給食の時間に呼びかけて…

ワークシートには，提案できそうなことを具体的に書かせる。そうすることで，次時以降の構成メモ，提案文作成につながる。まず，個人で考えさせ，グループで話し合わせる中で「分かったこと」「問題点」「提案できそうなこと」の内容を増やしていくよう指示する。

プラスα

▶表に整理したことをもとに，共通点・相違点を見つけさせよう　　表に整理させることで，分かったこと，問題点，提案できそうなことが視覚化されます。視覚化された情報をもとに「同じような問題が挙がっていないか」等，共通点や相違点を問うことで，テーマについて，より深い話し合いをさせることが可能となります。

Point 3　構成メモをもとに ICT を用いて提案文を書こう

活動の流れ

① 教科書 p.72構成メモの例，p.74提案文のモデルを活用し，構成メモの作成方法を学ぶ。
② 観点に沿ってグループ内で役割分担を決め，テーマに沿った構成メモを作成する。
③ ②の構成メモを見ながら，パソコン等で提案文を書く。

　教科書 p.72の構成メモの例，p.74の提案文のモデルを活用し，自分たちのテーマに沿った構成メモが作成できるように作成方法を学びます。

提案文のモデル

節電をして，環境にやさしい学校へ
　１．提案のきっかけ
　節電に関する新聞記事で……（きっかけ）
　……
　注意して見てみると，ひかり小学校では，
　（現状や問題点）
　２．提案
　（１）節電情報コーナーの設置
　　電気の大切さに……
　　これは，1年生から6年生までのみんなが……
　　具体的には，次のような……
　・電気の使用と，環境へのえいきょう……
　　節電情報コーナーの設置によって，……

モデル文の中で，きっかけとなった経験はどこに書いてありますか。書いてあるところを四角で囲みましょう。また現状や問題点は，どこに書いてありますか。四角で囲みましょう。

教科書p.74の提案文モデルの横に示してある観点「きっかけとなった経験」「現状や問題点」「提案すること」「提案理由」「具体的な内容」「提案が実現したときの効果」は伏せて提示する。

　提案文の作成には，ノートやワークシートを用いた原稿作りでもよいのですが，タブレットや PC 等の ICT 機器を用いてみましょう。何度も書き足し，書き直しができるワード（Microsoft）やドキュメント（Google）等の文書作成ソフトを用いるのが便利です。また，書いた提案文を推敲する際には以下のような使い方が考えられます。

文書作成ソフトを用いて提案文を推敲する場合の使い方例

・気になった文章のフォントの色を変え，新しい文章と比べやすくする。
・最初の文と書き直した文を並べ，再度どちらが良いか検討する。　　　　　等

　ノートやワークシートと ICT 機器を使う場合，それぞれのメリット・デメリットを考えながら，学習における目標に合わせて使いましょう。

プラスα

▶提案文をグループで推敲させよう　　ドキュメント（Google）等の文章作成ソフトを使えば，複数のメンバーで同時に推敲作業を行えます。誰がどこにコメントをしたかが把握できるので，時間短縮にもつながります。自分自身にもらったコメントをもとに，再度推敲の時間を取れば，さらに良い提案文に仕上がるでしょう。

事柄の順序を考えながら読む

1年下『じどう車くらべ』（光村図書）

● 目指す子どもの姿

　本単元は，教材文を通して自動車の「しごと」と「つくり」の関係について捉えることが重要です。また，教材文で学習したことを生かして他の自動車について調べ，単元末に自動車図鑑を書く学習も考えられます。他の自動車がどんな仕事をして，そのためにどんなつくりになっているのかを見つけ出す楽しさがあります。さらに，一人ひとりが調べた自動車について交流することで新しいことを知る喜びを味わわせることができます。また教材文で説明されている順序について考えさせることで，論理的な説明に触れさせることができます。

　今後，子どもが文章を書いたり説明的な文章の構成について考えたりするための素地を作る学習となるよう教師は丁寧な指導を心がけましょう。

目標	・教材文を通して順序に沿った簡単な文章の構成を考えることができる。

具体的な活動	Point 1	図鑑・挿絵で関心を持とう
	Point 2	シールを使って「しごと」と「つくり」を確かめよう
	Point 3	はしご車の「しごと」と「つくり」について考えよう

●単元計画（全10時間）

1次（1h）	2次（6h）	3次（2h）	4次（1h）
・色々な書籍や写真から自動車に関心を持ったり，乗り物カードを作ったりする学習計画を立てる。 Point 1	・教材文を読み【バス・じょうよう車】【トラック】【クレーン車】の「しごと」と「つくり」をまとめる。 Point 2 ・はしご車の「しごと」と「つくり」を考える。 Point 3	・これまでの学習を踏まえて，書籍等から自分の選んだ自動車の「自動車カード」を作る。	・作成した「自動車カード」を紹介し，学習を振り返る。

　図鑑・挿絵で関心を持とう

活動の流れ

① 絵本や図鑑，写真の中から知っている自動車について話し合う。
② 興味のある自動車について紹介する。
③ 自動車カードを作り，紹介する計画を立てる。

　1年生の子どもにとっては，自動車は身近なものであり，興味・関心を持つものです。そこで，教室に「自動車コーナー」を設け，それに関する書籍を置くようしましょう。また，教師が用意した自動車に関する写真やデジタル教科書にある「自動車の名前」や「どのような自動車なのか」等をもとに自動車について話し合わせるのもよいでしょう。また教師が「教科書のモデルの自動車カード」を子どもに見せ，学習のゴール像をイメージさせましょう。

●絵本や図鑑，写真の中から知っている自動車について話し合う場面

絵本や図鑑，写真から知っている乗り物はありますか。発表しましょう。

救急車，クレーン車，トラック，バスです。

タクシー，消防車，ショベルカーです。

たくさん出てきましたね。その自動車はどんな仕事をしたり，その仕事をするためにどんなものがあるか，どんなものを積んだり，のせたりしているか知っていますか。

子どもから知っている自動車を出させた後に，下線のように教師が本単元につながる発問をし，子どもに考えさせる場面を作る。

救急車は，けがや病気をした人をのせる車です。中にベッドがあります。

そうですね。他にもありそうですね。教科書で自動車のつくりと仕事について学びましょう。（その後，教科書p.35の救急車のカードを提示する）

プラスα

▶視覚的な工夫で子どもに学習に対する興味・関心，ゴール像を持たせよう　　学習に対して興味・関心を持たせたり，学習の終末がどのようになったりするのか子どもにイメージを持たせておくことはとても大切です。教科書巻末のカードや教師作成「自動車カード」を提示する等して，見通しを持たせましょう。

シールを使って「しごと」と「つくり」を確かめよう

活動の流れ

① 教材文の音読を通して「どんなしごとをしていますか」「どんなつくりになっていますか」の2つの問いがあることを確認する。
② 「しごと」の文には赤のシール,「つくり」の文には青のシールを付け,区別する。
③ 「しごと」の文の後には「そのために」という言葉があることや,自動車は「それぞれの仕事に合ったつくり」になっていることを読み取る。
④ 3種類の自動車の「しごと」と「つくり」を表にまとめ,特徴をまとめる。

●教科書本文にシールをはり「しごと」と「つくり」区別する

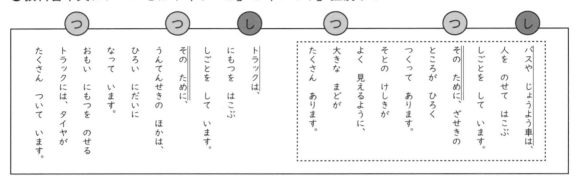

（つ）（つ）（し）（つ）（つ）（し）

バスや じょうよう車は、人を のせて はこぶ しごとを して います。

その ために、ざせきの ところが ひろく つくって あります。そとの けしきが よく 見えるように、大きな まどが たくさん あります。

トラックは、にもつを はこぶ しごとを して います。

その ために、うんてんせきの ほかは、ひろい にだいに なって います。おもい にもつを のせる トラックには、タイヤが たくさん ついて います。

● 「しごと」と「つくり」を区別する際のやりとり（上の点線囲みの箇所）

バスや乗用車は,どんな仕事をしていますか。

人をのせて,運ぶ仕事をしています。

では,人をのせて運ぶためにバスや乗用車はどんなつくりになっていますか。

座席が広くつくってあります。大きな窓があります。 （後略）

また【バス・じょうよう車】【トラック】【クレーン車】の「しごと」と「つくり」を表にまとめることでそれぞれの特徴が整理され違いが理解しやすくなります。

	しごと （し）	つくり （つ）
バス・じょうよう車	人をのせて,はこぶ	・ざせきがひろい　・大きなまど
トラック		
クレーン車		

表を作成するメリットは,それぞれの自動車の「しごと」と「つくり」を把握するだけでなく,特徴を俯瞰的にみることにつながる。

プラスα ▶「しごと」と「つくり」を確実に把握させよう　シールや表を活用しながら「しごと」と「つくり」を整理しましょう。そうすることは,説明文の内容把握と単元末の「自動車カードの作成」のための助けとなります。

Point 3 はしご車の「しごと」と「つくり」について考えよう

活動の流れ

① 説明文中に出てきた乗り物の「しごと」と「つくり」を確かめる。
② はしご車の「しごと」と「つくり」について考え，カードに書く。

　これまでの学習を踏まえて，はしご車の「しごと」と「つくり」についてまとめましょう。「しごと」は「〜は，○○のしごとをしています」，「つくり」は「そのために，○○となっています」の話型を大切にして書かせましょう。教師は，子どもがはしご車のイメージがわくよう，図鑑や写真を用意し「しごと」や「つくり」が視覚的に分かる工夫をします。

教　師：はしご車の仕事はなんですか。

Ａさん：はしご車は高いところの火事を消したり，高いところで逃げ遅れたりした人を助ける仕事をします。

Ｂさん：火事を消す仕事をします。

> イメージの共有を図るために数人を指名し，板書するようにする。

教　師：（出た意見を板書する）では，そのためにどのようなつくりになっていますか。

Ｃさん：長いはしごがついています。

Ｄさん：Ｃさんに似ていて，はしごが高いところまで，伸びるようについています。

教　師：Ｄさんは，Ｃさんの発言を深めた意見が言えましたね。

Ｅさん：水をかけるためにホースがあります。

（中略）

> ホース，はしご等，「つくり」に関係するものをたくさん出させた上で「しごと」に関係するものを選ぶと「しごと」と「つくり」の関係が分かるかな。

教　師：では，はしご車の「しごと」と「つくり」をカードに書きましょう。（子どもたちはカードに書く）

教　師：たくさん，はしご車のことが学習できましたね。「はしごが高いところまで，伸びるようについています」「火事を消したり，高いところで逃げ遅れたりした人を助ける仕事をします」の順に書いてあるとどうですか。

Ａさん：う〜ん。（沈黙）

Ｂさん：つくりが分かりにくいです。
　　　　だから仕事を先に伝えたほうが，分かりやすいです。

> 「しごと」と「つくり」が「つくり」「しごと」の順に書かれていたら，子どもはどう思うだろうか。聞いてみよう。

プラスα

▶順序性を問う発問をしよう　順序性（説明の事柄の順序）を問う発問をし，子どもに考えさせる場面が必要です。例えば，「自動車について，全て初めには何を説明していますか。」というように，それぞれの車の説明に共通する事柄を問うことも考えられます。子どもの実態と教材のねらいに即した発問作りを複数の教師で行い，発問の質をよりよいものに高めましょう。

2 台詞や動作化を加えながら物語を楽しむ

1年上『おおきなかぶ』（光村図書他）

● 目指す子どもの姿

　教材文「おおきなかぶ」は，人物が次々に登場する場面展開となっており，繰り返しのあるリズミカルな表現で描かれています。子どもにとっては，人物が増えていくことで場面の展開が捉えやすい。また人物がどの順序でどのようなことをし，結末はどのようになるのか，なぜその結末になったかを教師が役割読みや動作化等の表現させることで読み取らせます。また，登場人物の順序や行動に着目させ，場面の様子や人物の気持ちを想像したことを，音読劇で表現するという言語活動を設定することで場面ごとの挿絵を手がかりに，人物に同化し台詞を加えながら動作化や音読劇で楽しく物語を読ませることができるでしょう。

目標	・語のまとまりや言葉の響きに気を付けて音読することができる。 ・場面の様子や登場人物の行動について，内容の大体を捉えることができる。

具体的な活動	Point 1	人物が登場する順序を確かめよう
	Point 2	言葉のリズムやくり返しの言葉を楽しもう
	Point 3	台詞や動作化を加えて音読しよう

●単元計画（全6時間）

1次（1h）	2次（4h）	3次（1h）
・教師の範読を聞いたり，個人で音読したりして，内容の大体を捉え，音読劇をするという学習の見通しを持つ。 ・人物が登場する順序を確かめる。　　　　Point 1	・繰り返しのある言葉や副詞に着目して読み，言葉のリズムや繰り返しのある言葉の面白さを味わいながら音読する。　　　　Point 2 ・役割を決め，かぶをぬくときの気持ちを台詞にし，動作化を加えながら音読劇の練習をする。　　　　Point 3	・グループごとに音読劇の発表をし，感想を伝え合う。

活動の流れ

① 挿絵を見ながら教師の範読を聞き，物語の大体を捉える。
② 教師と一緒に読んだり，教師の後に続いて読んだりしながら，音読を楽しむ。
③ 人物が登場する順序を確認する。
④ お話を聞いたり読んだりする中で感想を持ち，それを生かして音読劇をすることを知る。

　「おおきなかぶ」は，就学前に読み聞かせをしてもらったり，自分で読んだりする等，子どもたちにとっては，身近で親しみやすいお話です。教師が範読する際に思わず「うんとこしょ，どっこいしょ。」と一緒に声を出したり，立ち上がってかぶを引っ張ったりと，人物に同化して聞いている子も多いでしょう。また，人物が増えていくことでお話が展開することは，挿絵からも捉えやすく，子どもにとって事柄の順序や人物の気持ち，様子を想像しやすいことでしょう。最後に音読劇をするというゴールを示し，楽しみながら物語を読み進めさせるようにしましょう。

かぶを引っ張る順番は，おじいさん，おばあさん……。

うんとこしょ，どっこいしょ。

あまいあまいかぶになれ。おおきなおおきなかぶになれ。

プラスα

教師が「おおきなかぶ」の教材研究をし，作品理解を深めよう　　「おおきなかぶ」は，ロシア民話であり，訳者によっては言い回しが異なる表記（あまいあまい，おおきなおおきなかぶ・あまい，げんきのよい，とてつもなくおおきいかぶ）があります。西郷竹彦訳は光村図書，内田莉莎子訳は東京書籍，教育出版，学校図書が扱っています。大きく異なる点は，人物の登場する順序です。西郷訳は登場する順序が，かぶから近い順序（おじいさん→おばあさん→孫→犬→猫→ねずみ）で描かれています。それは大きさ，強さの順序を表しています。内田訳は，後から来た順序，かぶから遠い順序で描かれています。それは小さく弱い順序を表しています。ロシア民話に忠実なのは内田訳です。しかし，どちらも教師が子どもに順序性を指導する点で問題はありません。2つの異なる訳があることを理解し，指導にあたりましょう。

言葉のリズムやくり返しの言葉を楽しもう

① 音読を通して，繰り返し出てくる言葉を見つける。
② くり返し出てくる言葉に線を引き，それを確認する。
③ くり返し出てくる部分とくり返しがない部分を確認し，どのような音読がよいか考える。
④ ③を生かしてくり返し出てくる言葉を意識しながら，音読する。

　子どもは，くり返し出てくる言葉に興味を持って音読します。教科書本文で見るより，耳で聞いてそのリズムを楽しむ方が多いかもしれません。教師は子どもの興味を持続させ，教科書本文からくり返し出てくる言葉を見つけさせ，線を引いたり丸で囲んだりしながら，本文の叙述に沿って読ませる第一歩をスタートさせたいところです。最初は時間がかかります。しかし教師は，子ども自身に見つけさせ，全体で確認し，確認した箇所が合っているか隣の子と再確認させるというスモールステップをくり返すことを意識した授業づくりを目指します。

「うんとこしょ，どっこいしょ。」がいっぱいあります。

「かぶはぬけません。」が，5回出てきたよ。

 「かぶはぬけません。」の前にある言葉は，それぞれどんな言葉かな。

それはね，「けれども」「それでも」「やっぱり」「まだまだ」「なかなか」だったよ。

では，おじいさんだけの「けれども，かぶはぬけません。」とおじいさんとおばあさん2人の「それでも，かぶはぬけません。」とでは，どんな感じがするかな。

はじめは簡単に抜けないんだなと思うけど，2人で頑張ったのにだめだったよ。どうしようかなと考えている感じがします。

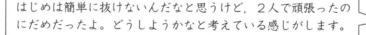

▶**教師が言葉による印象の違いを把握しておこう**　教科書本文「かぶはぬけません」の前にある言葉は，西郷竹彦訳（光村図書）では「けれども」「それでも」「やっぱり」「まだまだ」「なかなか」となっています。一方，内田莉莎子訳（東京書籍他）では，「ところが」「それでも」「まだまだ」「まだまだ，まだまだ」「それでも」となっています。教師が教材把握しておくこと，指導にあたる際には，言葉による印象の違いを，挿絵等を手がかりに想像させるようにしましょう。

① 　かぶを引っ張っている際の気持ちを想像し，挿絵に吹き出しを書き，その時の台詞を書く。
　　（教科書に書きこむのが難しい場合はワークシートを作成し提示してもよい）
② 　順番に増えていく人物を確かめ，それらになりきって動作と共に音読発表する。
③ 　その他の人物にもなりきり，役割を決め，音読練習をする。

　教師は吹き出しに台詞をどのように書いたらよいか分からない子どもがいると想定しておきます。そこで黒板に挿絵をはったり，書画カメラを使ったりしながら，吹き出しの言葉が思いついた子から発表させ考えの参考にさせます。この時期の子どもは，書くより話し言葉が先行します。実際，豊かな想像力で発表していたなと思っていても，書かせると全く違う内容であったり，何を言ったか忘れてしまったりする場合があります。そのためにも，教師が子どもの反応を板書で整理します。また何も書けていなかった子どもには，友だちの発表や板書を見て台詞を書かせます。子どもの想像力を大切にしながら，書くことを並行して行わせ考えを整理させましょう。

　動作化は，付け足した台詞を発表する際に自然としている子もいるでしょう。教師が「動きもつけながら，犬になりきって話してみよう。」等と促すことで，楽しんで行うことができます。またなりきるために登場人物のお面を付けさせるのも有効です。終末にはクラス全員でおじいさん，おばあさん等それぞれの登場人物になりきり，動作を加えながらかぶを抜くのもよいでしょう。大きな歓声が教室から聞こえるはずです。

まだ，ぬけないのう。どうしようか。

みんな，まだまだ力が足りないわね。困ったわ。

待って，犬を呼んでくる。

あれ，どうしたの。ぼくが，来たからには，もう大丈夫さ。せーの！

▶子どもの動作化のよい点をクローズアップしよう　　動作化で発表させた後は，「今の表情から，一生懸命引っ張ったのが分かったね」「足でも踏ん張っているのが伝わったね」と教師が価値付けしたり，他の子によい点を発表させたりする等，よい点をクローズアップし，子どものやる気を引き出すようにしましょう。

順序を考えながら内容を捉える

2年上『たんぽぽのちえ』（光村図書）

● 目指す子どもの姿

　本単元は，たんぽぽという子どもにとって身近な花の生態の記述をもとに話の順序を考えながら読む説明文「たんぽぽのちえ」とつながりを意識させる「［じょうほう］じゅんじょ」で成り立っています。同様に東京書籍2年上「たんぽぽ」でも順序を捉えさせる学習内容となっています。「たんぽぽのちえ」では，「二，三日たつと」「やがて」「このころになると」等，時間を表す言葉を手がかりに内容の順序を捉えさせましょう。また，「～のです。」「～からです。」等の理由を表す言葉や「このように」といったまとめる言葉にも着目させ，説明文の内容を具体的に捉える経験をさせることで，説明文を読むことの楽しさを味わわせたり，読み取る際の基礎を身に付けさせたりしましょう。

| 目標 | ・事柄の順序等，情報と情報との関係について理解することができる。
・時間的な順序等を考えながら，内容の大体を捉えることができる。 |

具体的な活動	Point 1	挿絵を使って「順序」の重要性を捉えよう
	Point 2	どんな言葉に着目して読むかを考えよう
	Point 3	たんぽぽの知恵の「わけ」から理由を表す文末表現を捉えよう

●単元計画（全10時間）

1次（2h）	2次（6h）	3次（2h）
・たんぽぽについて知っていることを話し合う。 ・教材文を読み，「順序に気を付けて読む」という学習の見通しを立てる。　Point 1	・時を表す言葉と挿絵を参考に，たんぽぽが変わっていく様子を順序に気を付けて読む。　Point 2 ・たんぽぽの知恵とその理由（わけ）を文章の記述から捉えさせ，整理する。　Point 3	・たんぽぽの知恵の中で自分が気に入った知恵を選び，選んだ理由をまとめる。 ・選んだ知恵とその理由を交流する。

Point 1 挿絵を使って「順序」の重要性を捉えよう

活動の流れ

① 教科書を通読した後，バラバラにした挿絵を話の流れに沿って並べさせる。
② ①で並べた挿絵をもとに，文章（掲示物等にしたもの）を並べかえさせる。
③ 時を表す言葉の重要性についてまとめる。

本単元は，話の順序を捉えさせることが重要です。順序を捉えさせるには，まず，挿絵を使うことが有効です。教材文「たんぽぽのちえ」は話の順序ごとに5つの挿絵が掲載されています。その挿絵だけを黒板等にバラバラにし，正しい順序に並べ替えさせながら「なぜ，その順番に並べたのですか？」と問い，理由を話し合わせることで，教材文を振り返りながら話の流れの大体を捉えさせることができるでしょう。

次に，正しく並んだ挿絵をもとにバラバラにした文章（掲示物等にしたもの）を正しい順序に直す活動も考えられます。文章を正しく並べるには，挿絵に加えて「春になると」，「二，三日たつと」「やがて」等の時を表す言葉や前後のつながりを表す言葉に着目することが必要です。教師は，それらの言葉に着目した子どもの発言を取り上げて的確に価値付け，時を表す言葉の重要性を捉えさせましょう。

文章を並べ替えさせる　→　その理由を聞く

「やがて」と書いてあるので時間が経ったのが分かったからです。

このころになると、……

やがて、……

よく晴れて、風のある日には……

春になると……

二、三日たつと……

でも、しめり気の多い日や、……

どうしてその順に並べたのですか？

プラスα

▶「時を表す言葉」や「前後のつながりを表す言葉」を可視化しよう　教科書に出てくる言葉はすぐに忘れてしまいがちです。他の教科や生活の中でも振り返ることができるよう，短冊にした画用紙等に教師が書き教室に掲示して可視化し，いつでも使えるようにしておくとよいでしょう。可視化することで，常に言葉を意識する習慣も付いていきます。

Point2 どんな言葉に着目して読むかを考えよう

活動の流れ

① 挿絵で順序を確認しながら音読する。
② 「いつからたんぽぽの花はしぼむのですか。」と問い，そう考えた理由も一緒に答えさせる。
　（子どもの発言例：「前の段落と変わって，『二，三日たつと』と書いてあるからです。」）
③ 「時を表す言葉」と挿絵だけを用いて説明文のあらすじを説明する。

　説明的な文章を正しく読み取らせるためには，「時を表す言葉」や「理由（わけ）を表す言葉」等，文章ごとに言葉に着目して読ませることが必要です。「時を表す言葉」を捉えさせるには，Point 1で述べた挿絵と合わせて「春になると」，「二，三日たつと」「やがて」等の言葉や「そうして」「けれども」等，前後のつながりを表す言葉に着目することが必要です。理由（わけ）を表す「〜のです。」「〜からです。」という文末表現に着目させることも，何が書いてある文章かを見分ける上では重要です。

　そのためにも，教師は以下のような言葉に着目させるための発問を考えておきましょう。「時を表す言葉」の有用性を感じさせるためにも，順序を見つけさせるだけではなく，その言葉の意味まで考えさせることが大切です。

着目させたい言葉
時を表す言葉 ・最初に　　　　　・まず〜。次に　　　・〜になると　　　・〜たつと ・やがて　　　　　・そうして　　　　　・このころになると　・このように　　　　　等

わた毛ができるのはいつですか。

たんぽぽの花がすっかり枯れた後です。「やがて」と書いてあるのでその後だと分かります。

そうですね。時を表す言葉を見つければ，順番が分かりますね。
では，時を表す言葉を使ってお話のあらすじを説明してみましょう。

プラスα ▶挿絵と言葉を連動させて，あらすじを説明させよう　　時を表す言葉に着目させた後には，挿絵と「二，三日たつと」等の時を表す言葉を用いて，説明文のあらすじを説明させる活動を行いましょう。子どもたちが，時を表す言葉を用いれば簡単にあらすじを説明できるということを実感させることができるとよいでしょう。

Point 3 たんぽぽの知恵の「わけ」から理由を表す文末表現を捉えよう

活動の流れ

① 型式段落ごとに，たんぽぽの「ちえ」をまとめる。
② たんぽぽが「ちえ」を働かせるその「わけ（理由）」を見つける。
③ 「〜のです。」「〜からです。」という「わけ（理由）」を表す文末表現を捉えさせる。

　教材文「たんぽぽのちえ」（植村利夫）には，たんぽぽが生きる上ではたらかせている「ちえ」とその「わけ（理由）」が形式段落ごとに分かりやすく示してあります。ここでは，「ちえ」と「わけ（理由）」を教材文から見つけた上で分けて黒板に掲示し，「わけ（理由）」を表す文末表現を捉えさせます。その際には，「〜のです。」「〜からです。」といった「わけ（理由）」を表す表現を見つけさせやすくするため，黒板に貼る掲示物に線を引いて示したり，ワークシートを用いたりする方法があります。2年生にとってこのような視覚的な支援はとても有効です。

図　ワークシートと黒板が連動した視覚支援

ワークシート

わけ			ちえ	
こうして、たんぽぽは、たねを　どんどん　太らせるのです。	花と　じくを　しずかに　休ませて、たねに、たくさんの　えいようを　おくって　いるのです。	けれども、たんぽぽは、かれて　しまったのでは　ありません。	そうして、たんぽぽの　花の　じくは、ぐったりと　じめんに　たおれて　しまいます。	二、三日　たつと、その　花は　しぼんで、だんだん　黒っぽい　色に　かわって　いきます。

黒板と同じだから見やすいな。書く場所も分かりやすい。

線を引いたところが「わけ（理由）」を表す言葉ですね。ワークシートにも線を引いておきましょう。

プラスα　▶**デジタルワークを作成しよう**　1人に1台端末がある環境下では，紙のワークシートだけではなく，デジタル教科書のワークシートや，作成したワークシートをオンラインで配付し，集約，評価（採点），交流する方法もあります。それぞれの利点を考えながら活用していきましょう。

4 文中の言葉から人物の気持ちを想像する

2年上『スイミー』（光村図書他）

● 目指す子どもの姿

　教材文「スイミー」は，主人公スイミーの行動によって話が展開されており，2年生の子どもは，スイミーになりきって読み進めることができます。それぞれの場面でスイミーが出会った人物との出来事で場面が展開され，その心情の変化が捉えやすく表現されています。子どもはスイミーになりきり，恐怖や悲しみを乗り越え，知恵をしぼって仲間と共に大きな魚を追い出す追体験させることで，スイミーの気持ちに迫ることができます。また，「〜のような」という比喩表現を学ぶことによって，実際にその生き物を知らなくとも情景や様子がイメージしやすくなります。

　本単元では，物語をあらすじにまとめ紹介することをねらいとしています。読み取ったことをもとに出来事ごとを箇条書きにし，時系列でつながせながら紹介文を完成させていきます。最後は，物語を通して思ったことを書くという客観的視点（スイミーから物語を読んでいる自分へと視点が変わること）が必要となります。スイミーの行動や心情に共感させながら自分と重ねて考えさせましょう。

目標	・場面の様子に気を付けて，登場人物の行動を具体的に想像し，読むことができる。

具体的な活動		
	Point 1	言動や様子が分かる言葉から気持ちを考えよう
	Point 2	物語の紹介文を書こう
	Point 3	紹介文を友だちと交流しよう

● 単元計画（全9時間）

1次（3h）	2次（4h）	3次（2h）
・物語の大体を捉え，あらすじをまとめ紹介文を書くという学習の見通しをもつ。 ・スイミーの人物像を捉える。	・場面ごとに出来事や人物の言動を確かめ，様子が分かる言葉から想像を広げ，スイミーの気持ちを考える。 Point 1	・物語を紹介文にまとめる。 Point 2 ・友だちの紹介文を読み，自分と同じところ，違うところを比べながら感想を伝え合う。 Point 3

言動や様子が分かる言葉から気持ちを考えよう

① 出来事やスイミーの言動，様子を表す言葉を見つける。
② 本文で該当する箇所に線を引く。
③ スイミーの気持ちを考える。

　お話の出来事は大きく４つの場面（１場面：まぐろに襲われた恐怖と孤独，２場面：素晴らしいものとの出会い，３場面：小さな魚の兄弟たちとの出会い，４場面：大きな魚を追い出した喜び）から構成されています。それぞれの場面で，教科書のスイミーの行動や様子を表す言葉に線を引かせ，そこからどのようなことが分かるかを考え，場面の様子を想像させます。想像しにくい子どもには，挿絵を参考にさせたり絵本を使ったりすることでイメージを広げさせましょう。他にも，１人１つスイミーのペープサートを用意し，スイミーになりきって考えさせる方法もあります。ペープサートを動かしながら，隣の子と対話するのもよいでしょう。また，ノートやワークシートに毎時間「今日のスイミー」として挿絵と吹き出しで書かせることで，考えが確かなものとなります。

【今日のスイミー】

やあ、みなさん、はじめまして。
くらげさん、とってもきれいだね。
大きくてびっくりしたよ。いせえびさん、大きなはさみで、かっこいいね。ぼく、友だちが食べられちゃって、ひとりぼっちだったと思ってたけど、こんなにたくさんのなかまがいたんだ。うれしいな。とっても楽しい気分になって、元気になってきたよ。

すばらしいもの
・にじいろのゼリーのようなくらげ
・水中ブルドーザーみたいないせえび
・見たこともない魚たち

【今日のスイミー】は，ペープサートで話した内容を踏まえて，話し言葉で書かせるようにしたい。また書いたものを発表させる中で，クラスの仲間と【今日のスイミー】の共有を図りたい。

▶ペープサートやお面で登場人物になりきらせよう　　低学年で登場人物の気持ちを考えるときは，人物に同化して考えると理解が深まります。個人で考えるときはペープサート，全体発表ではお面をつける等，思考を助けるものを使うのも効果的です。挿絵が文章を補い，想像をふくらませる要素もあるので，大型絵本等を提示するのも有効です。

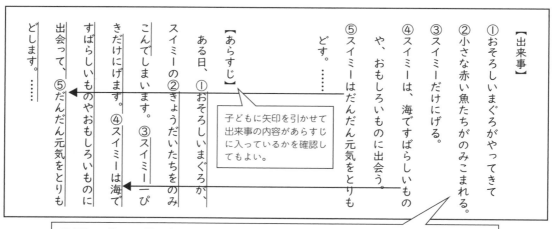

Point2　物語の紹介文を書こう

活動の流れ

① あらすじのまとめ方を知る。
② 出来事やスイミーがしたことを箇条書きで書き出す。
③ 書き出したものをつないで，短くまとめる。

　あらすじをまとめるのは２年生の子どもにとって初めての学習です。あらすじとは，物語を全部読まなくても内容の大体が分かるように，短くまとめたものであることをおさえます。子どもは，短くまとめることに慣れておらず，本文全体をつなげようとします。あらすじを書くには，人物の行動と出来事を中心に簡潔にまとめることが必要です。紹介文は，教科書 p.75 の例を参考に初め「出てくるじんぶつ」，中「あらすじ」，終わり「思ったこと」の構成で書くように指導します。実際に書きあげた後，教科書にある文章の例と比べ，「何が足りないか」を考えさせてもよいでしょう。また，誰に紹介するかという相手意識を持って書かせるのも大切です。

物語の紹介文の例

【出来事】
①おそろしいまぐろがやってきて
②小さな赤い魚たちがのみこまれる。
③スイミーだけにげる。
④スイミーは、海ですばらしいものや、おもしろいものに出会う。
⑤スイミーはだんだん元気をとりもどす。……

【あらすじ】
ある日、①おそろしいまぐろが、スイミーの②きょうだいたちをのみこんでしまいます。③スイミーは海できだけにげます。④スイミーは海ですばらしいものやおもしろいものに出会って、⑤だんだん元気をとりもどします。……

子どもに矢印を引かせて出来事の内容があらすじに入っているかを確認してもよい。

出来事に，起こった順に番号を付けさせる。それをあらすじに書かせる。その際にどの番号を使ったのか，どんな内容のものを使ったのかをあらすじを書いている際に，番号と線を引くようにする。書きにくい場合には，例えば①②だけを黒板に教師があらすじを板書しながら，クラス全員で確認しながら進めるようにしてもよい。

プラスα

▶教師とやりとりをしながらあらすじを書かせよう　子どもの中には，教科書のモデル文を見ても，あらすじを書きにくい子もいます。その際は，出来事の順番に挿絵を黒板に並べて，教師と子どもでやりとりをしながら書かせるようにしましょう。例えば，まぐろが小さな魚の兄弟たちをのみこむ場面の挿絵を見ながら「挿絵からどんなことが分かるかな」と子どもに問うてみましょう。すると「まぐろがやってきて，小さな魚をのみこんでいる」と答えるでしょう。それをノート等に書かせるようにします。「では次の挿絵の…」というように書かせていきましょう。

① 書いた紹介文を友だちと交換して読み合う。
② 読んだ感想やよかったと思うところを伝え合う。

　物語の紹介文を友だちと交換して読み合います。まずは隣の友だちと交換し，紹介文を伝え合った後，感想を交流します。読んで思ったこと，自分と同じところや違うところ，自分では気付かなかった発見，あらすじのまとめ方等，どのような観点で感想を伝えたらよいか，友だちの感想をどのような視点を持って読むのか，共通理解しておく必要があります。また，伝えてもらったら「○○の箇所のところを話してくれてありがとう」「□□をほめてくれてありがとう」等，必ず一言，話してから友だちの紹介文についての感想を伝えるようにさせましょう。

　また，「5人以上と交流する」など具体的な数を示してもよいでしょう。1人の友だちと交流が終わったら無言で手を挙げ，教室内を歩かせます。同じように手を挙げている子がいたら次の交流相手を探している合図となり，新たなペアで交流させます。交流が終わったら，ノートにサインをもらう等の活動を取り入れれば，たくさんの友だちから感想がもらえ，次への意欲にもつながります。

最後の「私もスイミーみたいにみんなと力を合わせて運動会を成功させたい」というところが，私には思いつかなかったので，いいなと思いました。

ありがとう。一緒にスイミーみたいに力を合わせて，協力してがんばろうね。

プラスα　▶付箋を使った交流をさせよう　　感想を伝え合わせる際，付箋に感想を書いて，友だちからの学びを残すことも有効です。付箋は，大きさ別に用意し自分が書ける分量を選ばせます。友だちから書いてもらった付箋をノートに貼らせれば，視覚的にももらった感想の量が分かり，書いたり交流したりする学習意欲へとつながるでしょう。また，友だちが書いてくれた付箋に感想を書き，コメントを返すことで，対話的な学びが生まれ読みが更に深まるでしょう。

文章を読んで感想を持ち，自分の考えを伝え合う

3年下『ありの行列』（光村図書）

● 目指す子どもの姿

　本教材文「ありの行列」は，子どもの誰もがよく目にしている「あり」を題材としています。また，本文中に書かれている「あり」の生態を知るために行われた実験についても，砂糖や石といった身近な材料を使っており，その様子を想像しやすいものとなっています。

　単元末の「感想を伝え合う」という言語活動につなげるためには，まずは文章構成を捉え，内容を把握する必要があります。文章構成とその内容を捉えるためには，中心となる文やつながりを表す言葉に着目したり，事実と考察を読み分けたりすることが必要となります。また，本文の構成は，「はじめ」（問題提起），「中」（ウイルソンの紹介と2つの実験とその考察），「終わり」（筆者の結論）となっており，その内容についても捉えさせやすいでしょう。これまでに学習した説明文教材を使って学習を想起させながら，学習目標に到達できるよう指導しましょう。

| 目標 | ・文章を読んで理解したことについて，感想や考えを持つことができる。
・文章を読んで感じたことや考えたことを伝え合い，一人ひとりの感じ方に違いがあることに気付くことができる。 |

具体的な活動	Point 1	「問い」と「答え」の関係から「はじめ」「中」「終わり」の分け方を考えよう
	Point 2	接続語・指示語の役割を考えよう
	Point 3	「中」の論の進め方を確かめよう

●単元計画（全7時間）

1次（2h）	2次（4h）	3次（1h）
・既習教材を活用し，これまでの学習を振り返る。 ・初発の感想を交流する。 ・学習課題を設定し，学習計画を立てる。	・文章を「はじめ」「中」「終わり」に分け，構成や内容をつかむ。 Point 1・Point 2・Point 3 ・ウイルソンの研究とありが行列を作る仕組みについてまとめる。	・学習を終えて，思ったことや考えたことを書き，感想を交流する。

Point 1 「問い」と「答え」の関係から「はじめ」「中」「終わり」の分け方を考えよう

活動の流れ

① 文章を並べ替えた全文シート（教科書の順序通りでないもの）を提示する。
② 教科書を見ずに教科書の本文通りに並び替え，「問い」と「答え」を見つける。
③ 並び替えた②をもとに，「はじめ」「中」「終わり」に文章を分ける。

　まず，教科書の文章を内容段落（形式段落）ごとに順序をバラバラにして，全文シート（A３用紙１枚程度に教科書の本文が全て収まったもの。①～⑨の形式段落があるので，９つの文章が並んでいる。）に載せておきます。次に，教師が「この文章を元通りに直しましょう。」と指示します。その際，子どもの様子を見ながら「なぜ，その順番で並べたのか説明できるようにしておきましょう。」と，並べ替えた理由を問うようにします。また，「はじめ」「中」「終わり」はどのようになっているのかについて，順序を表す言葉に着目させたり，実験・結果（考察）の構成となっていたりすることをヒントに考えさせます。このように，実際に文章を並べ替えながら文章の順序を考える活動を仕組むことで，これまでに学習した説明文との違いを実感すると共に，「中」の構成が具体例ではなく，その仮説に基づいた実験→観察となっている展開を捉えさせましょう。

なぜ，文をそのような順番に並べ替えたのか，理由（わけ）が説明できるようにしておきましょう。

「……なぜありの行列ができるのでしょうか」は問いの文だから，**最初の方にくる文です。**

「このように……ありの行列はできるのです」の，「このように」は「中」の部分をまとめているはずだから，最後（「終わり」）の文です。

プラスα

▶教材文の「はじめ」「中」「終わり」の見つけ方を考えさせよう　教材文「ありの行列」を「はじめ」「中」「終わり」のような文に分けるには，時間の順序を表す言葉（「はじめに」「次に」「このように」）や実験の手順をもとにすることが必要です。「はじめ」に問い，「終わり」に答えがくることを最初におさえた上で，「中」の部分だけを子どもに考えさせるというのも一案です。

Point 2　接続語・指示語の役割を考えよう

活動の流れ

① 「中」の文章を音読する。
② 順序を表す言葉（「はじめに」「次に」等）を見つけ，つながりを確認する。
③ 指示語（こそあど言葉等）を見つけ，文と文のつながりを確認する。

　教材文「ありの行列」は，「はじめ」「中」「終わり」の文章構成がはっきりとした文章です。「中」にあたる部分については「はじめに」「次に」「そして」等の順序を表す接続語や「この」「これ」「その」等の指示語を用いてありの行列ができるしくみを分かりやすく説明しています。接続語に関しては，「中」の文章を全体掲示し，順序を表す言葉を見つけさせることによって，段落と段落のつながりを読み取らせることができます。また，子どもに「こそあど言葉を見つけよう」と問いかけ，こそあど言葉が指す内容を考えさせることにより，文と文のつながりを意識させる授業展開を行うことができます。指示語や接続語の役割について意識させることで，文章の構成の工夫を捉えさせることが重要です。

●接続語や指示語に着目させることで，「中」の文章構成の工夫を捉えさせる

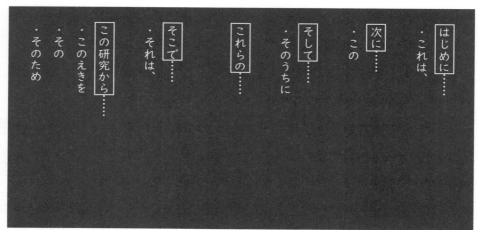

前の段落に書いてある「はじめのありが巣に帰るときに通った」文です。

「この」は何を指していますか。

プラスα
▶こそあど言葉を使って文章を書かせよう　こそあど言葉等の指示語は，子どもは日常生活で知らず知らずのうちに使っています。本学習でそれらを取り上げ，実際に文章を書かせる活動等を行わせることによって，その意味を知り，指示語の使い方を着実に身に付けさせることが必要です。

活動の流れ

① 「中」の②〜⑧の段落を読み，それぞれの書き方を確かめる。
② 「中」の段落で中心となる文がどれになるのか，話し合う。
③ 「中」の段落が「観察」と「研究」について分かれていることを確認する。

　「中」の段落（②〜⑧の段落）で，中心となる文をそれぞれ見つけさせる活動を行います。それぞれの段落で見つけさせる際には，「問いと一番つながるところはどこか」「問いに対する答えと一番つながるところはどこか」を基準に考えさせます。例えば③の段落であれば，問いに対する答えを出すために，ウイルソンが行った実験の様子が簡潔に書いてある１文目が大事な文だと答える子どももいることでしょう。それぞれの段落でこのような活動を行う際は，根拠をもとに意見を述べさせることを大切にし，クラス全体で考えさせます。

　次に，根拠をもとに大事な文を抜粋していくと「中」の段落が分類されます。抜粋された文に着目させ，分類を促しましょう。そうすることで，「中」の構成がさらに分かりやすくなり，文章全体が，「問い」→「実験・観察」→「考察」→「答え」の構成となっていることが確認できます。

「中」の段落をそれぞれ見ていきます。③の段落で一番大事な文はどれでしょう。

私は，１文目だと思います。理由は，答えを出すためにウイルソンがどんな実験をしたのかが書いてあるからです。

ぼくは，７文目だと思います。理由は，なぜ列を作るのかという問いに関係する文章だからです。

プラスα

▶ワークシートで整理させよう　ワークシートを作成し，友だちの意見を書き込んだり，板書を写したりできるようにしましょう。ワークシートが板書と連動したもの（板書と同じもの）になっていると子どもは記入しやすいです。また教師が，書き出しを指定することは，書くことに抵抗のある子どもにも「このように書けばいいのだな」と思わせる点で有効です。（※ p.57も参照）

場面を比較しながら読み，感想や考えをまとめる

3年下『ちいちゃんのかげおくり』（光村図書）

● 目指す子どもの姿

　本単元は，「かげおくり」という遊びを題材に書かれた作品を通して感想や自分の考えを持たせ，まとめたことを互いに交流することで，人によって感じ方に違いがあること等に気付くことを目標としています。子どもにとって，戦争を扱う物語に出会うのは初めてかもしれません（光村図書では3年生の本教材，東京書籍では4年上『一つの花』）。一つ一つの言葉や表現，描写について子どもと確認し合いながら読み進めていくことで，物語の内容を正しく捉えさせることはもちろん，物語の世界と自分の生活とを重ね合わせながら，自分の考えや読んだ感想を持たせることができるようにしましょう。

| 目標 | ・文章を読んで理解したことを中心に感想や考えをもつことができる。 |

具体的な活動	Point 1	文章を読んで初発の感想をまとめよう
	Point 2	場面を比べて読み，何が変わったのかを考えよう
	Point 3	最初と最後の感想を比べ，振り返ろう

● 単元計画（全10時間）

1次（2h）	2次（6h）	3次（2h）
・これまでの物語の学習を振り返り，内容について感想をまとめるという学習の見通しを立てる。 ・初発の感想を書き，感じたことやその理由を話し合う。　Point 1	・場面ごとに文章を読み，出来事を捉え，人物の心情や周りの様子を想像する。 Point 2 （1〜5場面について） （1場面と4場面の「かげおくり」を比べて） （5場面の必要性について）	・物語を読み終えた感想をまとめる。 ・感想を交流し，似ているところや違うところを中心に話し合う。 ・学習を振り返る。　Point 3

文章を読んで初発の感想をまとめよう

① 題名や扉絵の文を読み，「ちいちゃんのかげおくり」がどんな物語なのかを想像する。
② 教師の範読（もしくは付録 CD の音源またはデジタル教科書の朗読）を聞き，あらすじをつかむ。
③ 初発の感想を書き，クラスで交流する。

　教材文「ちいちゃんのかげおくり」は，多くの子どもにとって初めて出会う戦争を題材にした物語教材です。そのため，初発の感想は子ども自身のこれまでの経験や知識によって大きく異なることが想定されます。子どもにとって耳慣れない言葉や表現等，分からないことが多く出てきたり，主人公であるちいちゃんが亡くなるというショッキングな結末を迎えたりする教材でもあります。「ちいちゃんのかげおくり」の初発の感想については，そのような耳慣れない言葉や表現に着目させたり，登場人物の行動（かげおくり等）に興味を持たせたりする中で，「分からなかったこと」を中心に書かせ，子ども，教師の誰もが経験したことのない戦争について読みを共有する方法もあるでしょう。感想の書き方について下記を参考にしてみましょう。

●感想の書き方の観点と発問例

書き方の観点
・物語を読んで感じたこと
・分かったこと，気付いたこと
・分からなかったこと，不思議に思ったこと
・おもしろいと思ったこと
・戦争について感じたこと
・悲しかったこと　　　等

分かったことはどんなことですか。また，分からなかったこと（言葉や表現も）はどんなことですか。

「ちいちゃんのかげおくり」を読んでどう感じましたか。どこからそう思いましたか。

▶感想を書くことが苦手な子どもには，箇条書きさせよう　　教師が急に「感想を書きましょう」と指示を出すと感想を書くことに抵抗感を示す子どもがいます。そこで最初は，物語を読んで「分かったこと（気付き）」と「分からなかったこと（ふしぎ）」を箇条書きをさせます。それをクラスで共有しながら，感想を書く段階へと進めていきましょう。

Point2 場面を比べて読み，何が変わったのかを考えよう

活動の流れ

① 1場面の「かげおくり」の状況や人物の様子を捉える。
② 1場面後のあらすじを確認する。
③ 4場面の「かげおくり」の様子や状況について1場面と対比して考える。
④ 2つ（1場面と4場面）の「かげおくり」について考えたことを交流する。

　本単元では，「きつつきの商売」（光村図書3年上）で学んだ場面の様子や人物の気持ちを想像しながら読んだり，「まいごのかぎ」（光村図書3年上）で学んだ人物の変化について読んだりする学習よりもさらに物語を俯瞰的に捉え，感想を持たせる学習が必要です。

　そのために，1〜5場面に場面分けをした中でも，題名にもなっている「かげおくり」について，家族みんなで行う1場面とちいちゃん1人で行う4場面とを「時・場所」「登場人物」「文（教科書）」等を観点に比較させ，物語の大きな変化（戦争によって，家族もちいちゃんも亡くなったという悲劇）について捉えさせ，2つの場面のかげおくりの意味の違いについても考えさせましょう。

● 1場面と4場面の「かげおくり」の比較

文（教科書）	登場人物	場所	時	
白い四つのかげぼうし	家族四人	はかまいりの帰りみち	出征する前の日	1場面
たった一つのかげぼうし	ちいちゃん	ぼうくうごう・空色の花ばたけの中	夏のはじめのある日	4場面

黒板等で観点ごとに対比して表すことにより，違いが鮮明になる。

登場人物を比べるとどんなことが分かりますか？

1場面と4場面のかげおくりは何が違いますか？

プラスα

▶表の「ワークシート」を活用させよう　「ワークシート」は，授業の板書や授業者の意図に合わせて作成することができます。子どもは，同じ枠を使うので，意見の書き込みや場面間の比較が可能です。ノートも欠かせないものです。長期的な視野を持ち，ワークシートとノートの活用バランスを考えましょう。（※ワークシートについては，p.57も参照）

Point 3　最初と最後の感想を比べ，振り返ろう

活動の流れ

① 「ちいちゃんのかげおくり」の学習を終え，感じていることについて感想をまとめる。
② 自分の初発の感想と比べ，何が変わったかを考える。
③ 感想が変化した理由を考える。

　「ちいちゃんのかげおくり」を学習し終えた後に，もう一度，感想をまとめる時間を設定します。その際には，最初（初発）の感想と最後（学習後）の感想について「何が変わったか」という観点で自分の読みを振り返ることも必要でしょう。なかなか書き進められない子には，教科書 p.27「まとめ方のれい」の「切ない」「悲しい」「温かい」などのキーワードを選択させ，そう感じた理由を考えさせる支援を行いましょう。特に，読みが変化したところについては，その読みが「なぜ，変わったのか」，読みの変化の過程を振り返り，まとめさせることが重要です。また，感想はいきなり書かせるのではなく，ペアやグループ等で交流する時間をとるとスムーズに書き始めることができるでしょう。

●初発の感想と読後の感想の比較

（Aさんの初発の感想）

かげおくりって

<u>楽しそう。</u>

<u>やってみたいな。</u>

（教師の問いかけ）

客観的な視点を持たせる

・どうして感じ方が変わったのかな。
・どこでそう思ったのかな。

（Aさんの学習後の感想）

家族の幸せがうばわれたんだな。

<u>さみしいな。</u>

【交流後】

初めは，かげおくりを楽しそうって思っていたけれど，みんなと勉強して，家族の幸せがうばわれる戦争って怖いな，さみしいなと思いました。

プラスα

▶物語の主人公と自分自身との感じ方の違いに気付かせよう　2年生までは，主人公の立場に重ねて読み進めることが多かったですが，この単元は，読み手の立場で客観的な読みをすることも重要です。ここでは，「かげおくり」や「戦争」に対する主人公と自身の思いを比較させ，客観的な読み方ができるように指導しましょう。

文章の関係を考えながら筆者の考えを捉える

4年上『アップとルーズで伝える』（光村図書）

● 目指す子どもの姿

　本単元は「〈練習〉思いやりのデザイン」と「アップとルーズで伝える」の2つの説明文と「[じょうほう]考えと例」で成り立っています。「〈練習〉思いやりのデザイン」で説明文において段落相互の関係を捉える練習を行い，「アップとルーズで伝える」（「考えと例」も途中で扱う）でその力を活用するという学習の流れです。

　本学習は，段落相互の関係から筆者の考えを正確に捉え，自分の考えを持つことを重点的に行います。そのためにも，「筆者の考え」とそれを支える具体的な「例」，文と文の「対比」等，文章の関係性を学ばせましょう。「対比」や「例」を使った文章は，多くの説明文で用いられます。この学習で学んだことを生かして，自分の考えを述べるときには，伝えたいことを明確にする文章の関係，例の挙げ方の工夫を考えられることができる力を身に付けさせましょう。

目標	・文章の段落相互の関係や筆者の考えを捉えて，自分の考えを発表する。

具体的な活動	Point 1	これまでの学習を振り返り，学習計画を立てよう
	Point 2	「考え」と「例」の挙げ方の関係を捉えよう
	Point 3	文章の対比関係を表や図でつかもう

●単元計画（全10時間）

1次（1h）	2次（6h）	3次（2h）	4次（1h）
・前の学年の説明文の学習を振り返り，本単元の学習計画を立てる。　Point 1	・「思いやりのデザイン」を読み，筆者の考えを捉え，自分の考えを持つ。 ・「アップとルーズで伝える」を読み，段落相互の関係を考える。　Point 2	・「アップ」と「ルーズ」の対比の関係を捉える。　Point 3 ・筆者の考えに対する自分の考えをまとめる。	・「アップとルーズで伝える」ことについて考えたことを発表する。 ・学習を振り返る。

活動の流れ

① 教科書 p.47の題名やリード文を読み，3つの教材をもとに学習を行うことを知る。
② 教科書 pp.7-8の「三年生の学びをたしかめよう」を読み，これまでの説明文の学習を振り返る。
③ これまでの学習と本単元の違いを捉え，学習計画を立てる。

　本単元に限らず扉（本文の前）のページには，子どもが学習を進める際に必要な情報がたくさん含まれています。本単元は，主教材「アップとルーズで伝える」の他に，〈練習〉教材「思いやりのデザイン」に加えて，［情報］教材「考えと例」という3つの教材で成り立っています。また，「これまでの学習」として，前学年（3年生）の学びを確かめるページもあります（教科書 pp.7-8）。教師が単元計画を立てる際には，ページ通りに授業を進めるのではなく，単元の目標に合わせてそれらをどのように組み合わせて授業を行うのかを考える必要があるでしょう。特に，「これまでの学習」を振り返り，3年生までの学習と本単元で学習することとの違いを子どもに捉えさせることは，学習の見通しを立てる上でも重要です。

単元計画の例

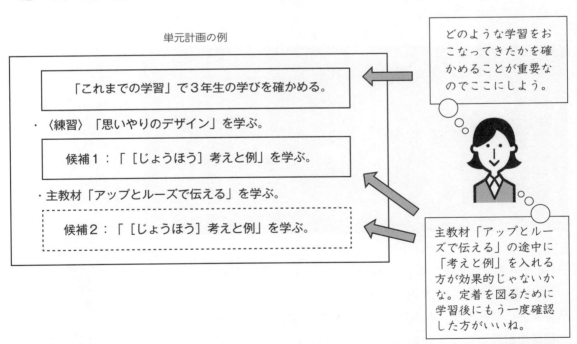

「これまでの学習」で3年生の学びを確かめる。

・〈練習〉「思いやりのデザイン」を学ぶ。

　候補1：「［じょうほう］考えと例」を学ぶ。

・主教材「アップとルーズで伝える」を学ぶ。

　候補2：「［じょうほう］考えと例」を学ぶ。

> どのような学習をおこなってきたかを確かめることが重要なのでここにしよう。

> 主教材「アップとルーズで伝える」の途中に「考えと例」を入れる方が効果的じゃないかな。定着を図るために学習後にもう一度確認した方がいいね。

プラスα　▶［情報］教材を単元のどこに組み込むかを考えよう　　教科書には，［情報］教材が様々な単元に設定されています。この単元には，子どもにとって必要な情報活用能力を身に付けるための活動が組まれています。単元・授業のどこに配列すれば学習をより深めることができるかを単元計画の際に考え，授業に臨むようにしましょう。

Point 2 「考え」と「例」の挙げ方の関係を捉えよう

活動の流れ

① 「思いやりのデザイン」の中で，筆者の考えを述べている段落と具体的な例を挙げている段落を考える。

② 「アップとルーズで伝える」の中で，筆者の考えを述べている段落と具体的な例を挙げている段落を考え，「思いやりのデザイン」との文章構成を比べる。

「考え」と「例」の関係を捉えさせるには，文章における筆者の考えとそれを支える具体的な例の関係を捉えさせましょう。そのために，まず〈練習〉教材「思いやりのデザイン」の簡単な文章の構成をもとに筆者の考えを述べる段落と具体的な例を挙げている段落の対比関係を捉えさせます。その後，習得した力を活用して「アップとルーズで伝える」の中で，同じように筆者の考えと例の関係や文の対比を捉えさせます。つまり，2つの文章をどう関連させ指導するかが子どもの理解を深めるポイントとなります。そこで，文章構成を比較してみることをおすすめします（表）。2つの文章構成を並べると「具体例」が双方示してあり，対比になっていることが視覚的にも分かりやすくなります。その他にも「話題提示」「筆者の考え」「筆者の考え・まとめ」も同様になっています。

表　文章構成の比較

	初め	中	終わり
思いやりのデザイン	①話題提示　②筆者の考え	③具体例1　④具体例2	⑤筆者の考え・まとめ
アップとルーズで伝える	①話題提示　②話題提示　③筆者の考え	④具体例1　⑤具体例2	⑥まとめ　⑦他の例　⑧筆者の考え・まとめ

2つの文の構成を比べて分かることはどんなことですか。

・「筆者の考え」を支えるための具体例がどちらも2つ挙げてある。

・「具体例」がどちらも対比になっている。

・初めの「話題提示」から終わりの「筆者の考え・まとめ」までが
　同様の配列となっている。

プラスα

▶「対比」の言葉の意味を考えさせよう　　対比とは「2つのものを比べて，違いをはっきりさせること」です。黒板等で対比関係を表すことで，それぞれの似ているところや違うところ，長所や短所等が分かりやすくなります。子どもに言葉の意味をしっかり捉えさせ，実際に上のような表を作り関係を捉えさせましょう。

① 「アップとルーズで伝える」の具体例の関係を表で整理する。
② 表を手がかりに対比関係を整理する。
③ 対比の効果を考える。

　説明文「アップとルーズで伝える」は，とても分かりやすい対比の関係で構成されています。まずは，具体例の関係を表で整理させます。次に，その表を手がかりに，それぞれの対比の関係を矢印等の記号で視覚的に整理していきます（図）。

図　対比の関係

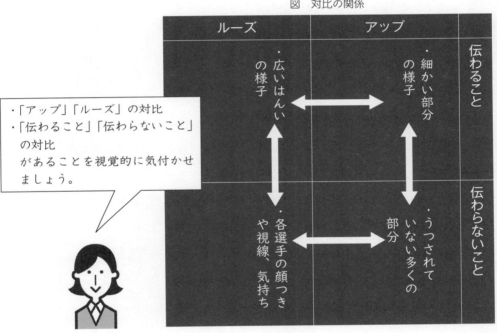

・「アップ」「ルーズ」の対比
・「伝わること」「伝わらないこと」
　の対比
　があることを視覚的に気付かせましょう。

　対比の関係は，文章だけは捉えにくいものです。上のように表にまとめることによって，子どもは視覚的にその関係を捉えることができるようになります。その上で，表や図に表すよさやその効果を考えさせることができれば，文章を構造的に捉えることのよさを実感することができるでしょう。

▶**文と文をつなぐ「接続詞」にも着目させよう**　　対比等の段落相互の関係を捉えさせるには，「一方」「しかし」「でも」「また」「このように」等の接続詞に着目させましょう。接続詞の前後の文を比べ，どのような関係になっているかを考えさせたり，接続詞を抜いて音読させ，どの接続詞がふさわしいか考えさせたりすることが段落相互の関係を捉えさせることの手助けとなるでしょう。板書とワークシート，ノートとの連動を考えると一層理解が深まります。

登場人物の気持ちの変化を読み，話し合う

4年下『ごんぎつね』（光村図書他）

● 目指す子どもの姿

　「ごんぎつね」は，全ての教科書会社で取り扱われている物語教材です。物語は6つの場面で構成されており，場面を追うごとに兵十と関わりたい（近づいていこうとする）というごんの気持ちや行動を丁寧に読み取らせます。ごんの気持ちの変化を探るためには，考えや気持ちが表れている言葉，情景描写，行動描写を手がかりにさせます。同じ場面を学習していても，子どもによって互いの考えや感じ方には違いがあります。そこで，意見を交流することで様々な捉え方があることを認め合いながら，学習を進めていきましょう。このような捉え方の違いを共有させるために，場面ごとに「○○なごん」等と一言で表現させ，その理由を交流させる等，活動の工夫が考えられます。場面ごとに読みが深まるとともに，子どもたちの読みの変化にも気付かせながら学習を進めていきましょう。

目標	・文章を読んで感じたことや考えたことを共有し，一人ひとりの感じ方に違いがあることに気付くことができる。

具体的な活動	Point 1	気持ちを表す言葉を分類し，言葉を増やそう
	Point 2	行動描写・情景描写を整理し，ごんの気持ちの変化を読み取ろう
	Point 3	新見南吉の他の作品を読み，気持ちの変化を捉えた，ブックトークをしよう

●単元計画（全12時間）

1次（2h）	2次（7h）	3次（3h）
・ごんがどんなきつねかを話し合い，登場人物の気持ちや性格に関する言葉を増やす。　Point 1	・各場面について，登場人物の行動や気持ちを表す言葉を見つけ，ごんの気持ちの変化を読み取る。　Point 2	・新見南吉作品でブックトークを行う。　Point 3

気持ちを表す言葉を分類し，言葉を増やそう

活動の流れ

① 題名やリード文からどんな物語かを予想し，話し合う。
② 「人物を表す言葉」を分類・整理し，「ごんの人物像を表す言葉」を考える。
③ 初発の感想を書き，交流する。

　登場人物の気持ちや性格に関する言葉を把握させます。「一つの花」（光村図書4年上）で「くり返し使われている言葉（例えば，一つだけちょうだい）」に注目したように，「ごんぎつね」においても「人物を表す言葉」を手がかりにごんの様子が分かる言葉を探させます。2年生以上の教科書の巻末には，「考えや気持ちを伝える言葉」が収録されています。このような言葉も参考にごんの人物像を表す言葉を分類・整理させることで，言葉を増やすことができます。これらの言葉を手がかりに，ごんの人物像に迫る言葉を考えさせましょう。

本文中からごんの様子が分かる言葉とそれに合う言葉を探し対応させます。
このような活動をすることで，初発の感想やその後の読み取りが深くなります。

「ごん」ってどんなきつねかな？　本文中の言葉から連想して，「○○なごん」と一言で表してみよう。

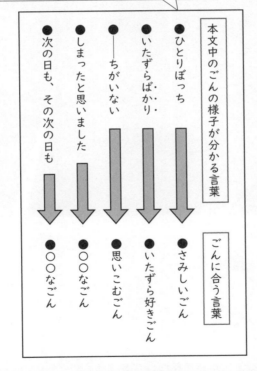

本文中のごんの様子が分かる言葉

	ごんに合う言葉
● ひとりぼっち	● さみしいごん
● いたずらばかり・・・	● いたずら好きごん
● ——— ちがいない	● 思いこむごん
● しまったと思いました	● ○○なごん
● 次の日も、その次の日も	● ○○なごん

ごんの様子が分かる言葉はどれかな？

プラスα

▶**人物を表す言葉に着目させよう**　語彙の意味を知っていることと，それを使えるようになることは同じではありません。「ごんぎつね」の本文には，「ひとりぼっち」等，ごんの境遇や言葉や情景描写を表す言葉がたくさん出てきます。ごんの気持ちや思い，それらに着目してごんの人物像を深めさせましょう。

行動描写・情景描写を整理し，ごんの気持ちの変化を読み取ろう

活動の流れ

① 行動描写・情景描写を整理する。
② ①から分かるごんの気持ちを考える。
③ ①②を踏まえ各場面や場面と場面を比べごんの気持ちの変化をまとめる。

　ごんの気持ちがどのように変化したかを交流させます。ごんの気持ちの変化を追うためには，気持ちを表す言葉はもちろん，情景描写や行動描写を表す言葉を整理しなければなりません。そこで登場人物の気持ちや変化が分かる叙述を丁寧に取り上げ，そこから分かるごんの気持ちを捉えることが大切になります。

●行動描写・情景描写から読み取れるごんの気持ち

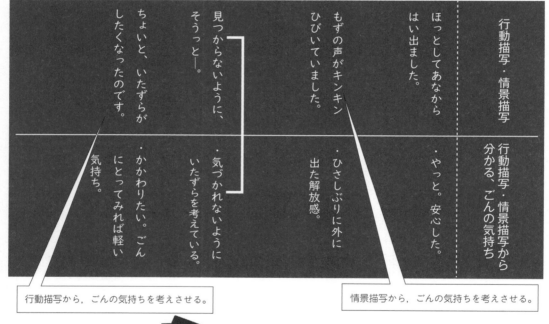

行動描写・情景描写	行動描写・情景描写から分かる、ごんの気持ち
はい出ました。	・やっと。安心した。
ほっとしてあなから	
もずの声がキンキンひびいていました。	・ひさしぶりに外に出た解放感。
見つからないように、そうっと―。	・気づかれないようにいたずらを考えている。
ちょいと、いたずらがしたくなったのです。	・かかわりたい。ごんにとってみれば軽い気持ち。

行動描写から，ごんの気持ちを考えさせる。

情景描写から，ごんの気持ちを考えさせる。

最初，ごんは，軽いいたずらをしました。場面を追うごとに，いたずらをしたことについてどのように思っていったのでしょう。

プラスα

▶登場人物の気持ちを考える言葉を見つけさせよう　登場人物の気持ちを考える際に手がかりとなるものに，色彩を表す言葉があります。「ごんぎつね」では，色彩を表す豊かな情景が描写されています。例えば，「黄色」からは無邪気さや注意，「黒色」からは寂しさや不安といったイメージが持たれます。これら色のイメージと叙述を結び付けさせることで，登場人物の気持ちを探ることができます。

新見南吉の他の作品を読み，気持ちの変化を捉えた，ブックトークをしよう

① 読んでみたい新見南吉作品について，3～4人程度のグループを作る。
② 「気持ちを表す言葉」や行動描写・情景描写を押さえ，ブックトークのシナリオを作る。

　他の新見南吉作品を使ってブックトークをします。ブックトークでは，登場人物の気持ちの変化について紹介させます。子どもが「ごんぎつね」で学習したことを活用できるよう活動を仕組みましょう。

②登場人物と主人公…表を使うことで，登場人物を整理する。「変化をした登場人物は誰でしょうか？」と問うことで，主人公を見つけやすくなる。

①本の紹介文…結末は伝えず，まだ読んでいない子どもが読みたくなるように工夫させる。

作品名
『でんでんむしのかなしみ』

発表者（　　　）

〈本の紹介文〉

でんでんむしの　せなかのからには、たくさんの悲しみがつまっています。みんなには、悲しみがありますか？

〈登場人物と主人公〉

登場人物を書きましょう。主人公に◎をしましょう。

登場人物	印
でんでんむし	◎
おともだち	
べつのおともだち	
またべつのおともだち	

〈感想〉

でんせんむしたちも、人間と同じように悲しいことがあるんだなと思いました。でんでんむしのうれしいことは、なんだろう？　わたしは、ごはんを食べてるときに、うれしくなると思いました。

③感想…登場人物と同じ気持ち（共感），または違う気持ち（反感）になったことを書かせる。

▶同じ形式のワークシートを使ってブックトークを行おう　ブックトークは，ワークシートを使って行うこともできます。ワークシートを使うことで，子どもは他のグループの発表も見通しをもって聞くことができるようになります。発表の際は，実物投影機や指し棒等を使い，説明している場所を押さえながら発表させてもいいでしょう。

要旨を捉え，考えを伝える

5年『言葉の意味が分かること』（光村図書）

● 目指す子どもの姿

　本単元は，〈練習〉教材「見立てる」で学んだ内容を生かして，本教材「言葉の意味が分かること」に取り組むという構造をしています。〈練習〉教材と本教材は，どちらも文章の構成が共通しています。〈練習〉教材を通して要旨の捉え方を身に付けさせます。それを生かして「言葉の意味が分かること」の要旨を捉える学習をしていくことが大切です。東京書籍5年「動物たちが教えてくれる海の中のくらし」では文章構成をおさえ，要旨を捉える学習をします。

　また本単元では，「原因と結果」の関係を子どもに理解させることが求められます。本教材の後に掲載されている「［情報］原因と結果」も活用しながら学習を進めていきましょう。

目標	・原因と結果等，情報と情報との関係について叙述をもとにおさえ，文章全体の構成を捉えながら要旨を把握することができる。 ・文章を読み，理解したこと踏まえて自分の考えをまとめることができる。

具体的な活動	Point 1	「〈練習〉見立てる」で学んだことを整理しよう
	Point 2	「［情報］原因と結果」を活用しよう
	Point 3	文字数を限定して要旨をまとめよう

●単元計画（全7時間）

1次（2h）	2次（3h）	3次（2h）
・「見立てる」を読み，文章の要旨を捉え，自分の考えを伝え合う。 ・要旨を捉える上で大切なことを整理する。　Point 1	・「言葉の意味が分かること」を読み文章の構成を確かめ，要旨をまとめる。 Point 2 ・ Point 3	・筆者の考えや事例の示し方について，自分の考えをまとめ，交流する。

活動の流れ

① 「見立てる」を読み，事例の取り上げ方や段落の構成を確かめる。
② キーワード（見立てる，想像力）を捉え，教材文の要旨をまとめる。
③ 「見立てる」の学習を通して分かったことや，大切にしたいことを全員で共有する。

　この単元には，〈練習〉教材「見立てる」が設定されています。「見立てる」は，文章量が少なく構成が捉えやすくなっています。「見立てる」を読み，文章の要旨を捉えるためのポイントを全員で確認することが大切です。ポイントをまとめる際には，教科書の単元末に書かれている「たいせつ」が参考になります。

板書例

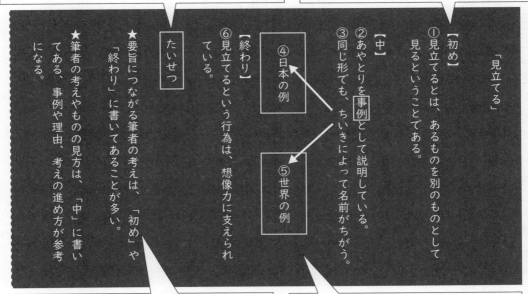

「見立てる」の学習で分かったことは，「たいせつ」として必ずまとめる。ここでまとめた内容は，本教材でそのまま利用することができる。

「初め」「中」「終わり」や「要旨」などの言葉は，必ず全員で確認して，それらの意味を理解させるようにする。

「初め」や「終わり」で筆者がくり返し使っている言葉に着目することの大切さを，ここで確認しておく。

板書は文字ばかりではなく，矢印を使って関係性を示す等，構造的なものにする。

〔板書内容（縦書き）〕

「見立てる」

【初め】
①見立てるとは、あるものを別のものとして見るということである。

【中】
②あやとりを事例として説明している。
③同じ形でも、ちいきによって名前がちがう。
④日本の例
⑤世界の例

【終わり】
⑥見立てるという行為は、想像力に支えられている。

たいせつ

★要旨につながる筆者の考えは、「初め」や「終わり」に書いてあることが多い。

★筆者の考えやものの見方は、「中」に書いてある、事例や理由、考えの進め方が参考になる。

プラスα

▶くり返し使われている言葉をキーワードに要旨を捉えさせよう　　子どもにキーワードを使って要旨をまとめさせる際には，教材文中の段落にくり返し出てくる言葉を囲ませながらまとめるようにします。例えば，本教材には「見立てる」「想像力」という言葉がくり返し出てきます。「初め」「終わり」の段落①と⑥を参考に「見立てる」「想像力」という言葉を使ってまとめるようにさせましょう。

Point2 「[情報] 原因と結果」を活用しよう

活動の流れ

① 「言葉の意味が分かること」の5〜10段落の内容を整理する。
② 「[情報] 原因と結果」を読み，「原因」と「結果」の意味や関係性を学ぶ。
③ 「言葉の意味が分かること」の本文中にある「原因」と「結果」を見つけてまとめる。

　「言葉の意味が分かること」の後には，「[情報] 原因と結果」というページがあります。このページを活用し，「原因」と「結果」についての意味や関係性を理解させ，本文中の「原因」と「結果」を正しく捉えさせることが大切になります。「言葉の意味が分かること」の本文中にある「原因」と「結果」の事例は，次ページ Point3の要旨をまとめる活動につながります。

教師作成の「原因」と「結果」のワークシート

原因		結果
今年は雪が少なかった	そのため or だから	スキー場が（早くへいさした）。
昨日の夜はねるのがおそかった		（ねぼう）してしまった。
だしが入っていなかった		みそ汁が（おいしくない）。
毎日トレーニングを欠かさずした		大会で（ゆう勝できた）。

> 原因と結果の関係性を理解させるためにワークシートを活用する。原因の後に「そのため」もしくは「だから」といった言葉を使い括弧に入る結果に当てはまる文章を考えさせる。

「言葉の意味が分かること」の本文中の「原因」と「結果」をまとめたワークシート

原因	結果
自分が覚えた言葉を，別の場面で使うとき，言葉の意味のはんいを広げて使おうとした。	「歯でくちびるをふんじゃった」と言いまちがいをしてしまった。
英語と同じ感覚で，「食べる」という言葉を使おうとした。	「朝食でスープを食べました」と表現した。

> 上のワークシートのように原因と結果のいずれかを書き，どちらかを記入できるようなワークシートにしておく。

プラスα

▶原因と結果を捉えさせる練習をしよう　子どもの中には，原因と結果の関係が捉えにくい子もいます。そこで，原因と結果が書かれた文章（短冊）を数多く用意し黒板に提示します。まず原因となる文章を一つ選ばせます。次に「そのため」「だから」といった接続する言葉を一斉に読ませながら，原因と一致する結果にあたる文章を選ばせる練習をします。なお，本教材文中で探せる場合，例えば「この間違いの原因は」といった文章表現の「原因は」の箇所を強調して読ませる等して原因を捉えさせ，その後に書かれている結果と一致させるようにしましょう。

Point 3 文字数を限定して要旨をまとめよう

活動の流れ

① 「言葉の意味が分かること」の要旨をまとめる上で大切なことを確かめる。
② 要旨を150字でまとめる。
③ ②で書いた要旨を推敲する。

本ポイントでは，「初め」や「終わり」で繰り返し使われている言葉に着目して筆者の考えを捉えたり，「中」に注目して「原因」と「結果」の事例を取り入れたりしながら，要旨をまとめていきます。

【推敲前の要旨例】

言葉の意味を「点」としてではなく，「面」として捉え，その言葉が使える範囲を理解する必要があります。そのことは，言葉を学ぶときに役立ち，ふだん使っている言葉やものの見方を見直すことにもつながります。

「初め」や「終わり」で筆者が繰り返し使っている言葉はなんですか。また，その言葉を要旨に入れていますか。

繰り返し使われていた言葉に，「言葉の意味には広がりがある」がありました。この言葉を要旨に入れてみます。

「原因」と「結果」の事例も要旨に含めてみましょう。

「朝食にスープを食べました」の事例を要旨に入れてみます。

【推敲後の要旨例】

言葉の意味には広がりがあるため，言葉の意味を「面」として捉え，使える範囲を理解する必要があります。例えば，英語の「eat」には，「食べる」だけではなく，「飲む」という意味も入ります。このことは，言葉を学ぶときに役立ち，ふだん使っている言葉やものの見方を見直すことにもつながります。

> くり返し出てきた言葉

> 原因と結果の事例

優れた表現に着目して読む

5年『大造じいさんとガン』（光村図書他）

● 目指す子どもの姿

　本単元で扱う「大造じいさんとガン」は，多くの教科書で扱われている教材です。狩人「大造じいさん」とガンの頭領である「残雪」の3年にわたる戦いが描かれています。大造じいさんは，鳥とはいえ知恵をもち，頭領らしい行動をする残雪の姿に驚きます。またそれらの行動に心揺さぶられる大造じいさんの変化が様々な描写で表現されている感動的な物語です。読後の感動や清々しさは，情景や登場人物の心情の変化が書かれた叙述等の優れた表現に拠るものと考えられます。また本単元は，優れた表現に着目して読み，その魅力を伝えることを目的とします。そのために物語中にある文章を選び紹介文を書く言語活動を設定します。感動が伝わるような紹介文を書くためには，「大造じいさん」と「残雪」の真剣勝負を深く読み味わわせることが重要です。また，椋鳩十の他の作品を読んで紹介文を書く活動に発展させることで，主体的に学習する態度を育てることができます。

| 目標 | ・人物像や物語の全体像をつかみ，表現の効果から，心情の変化を捉えることができる。
・物語文についてまとめた意見，感想を共有し，自分の考えを広げ，深めることができる。 |

具体的な活動	Point 1	読み深めたい文を挙げよう
	Point 2	情景描写を読み深めよう
	Point 3	大造じいさんの心情の変化を読み深めよう

● 単元計画（全7時間）

1次（1h）	2次（4h）	3次（1h）	4次（1h）
・全文を通読し，学習課題を確認するとともに，学習計画を立て，深めたい文を挙げる。　Point 1	・情景描写，大造じいさんの心情の変化，頭領としての残雪等を表す叙述を選び読み深める。 Point 2 ・Point 3	・2次の学習を生かし「わたしのおすすめのフレーズ」を選び，紹介文を書く。	・「わたしのおすすめのフレーズ」を読み合い，感想を伝え合う。

読み深めたい文を挙げよう

① 全文通読し，学習課題を確認する。
② 本文の中で，疑問に思った場面やみんなで考えたい文を挙げる。
③ ②を出し合い，整理しながら学習の見通しを持つ。

「大造じいさんとガン」は，大造じいさんの残雪に対する敵対心や息詰まるようなハヤブサとの戦いの場面が表現されています。子どもは一気に読み進めると予想されます。本教材文の中には子どもにとって「みんなで考えてみたい」「ここはどういうことなのだろうか」と思わせる部分があります。子どもが立ち止まったところを「学習のしどころ」「読みの深めどころ」と考え，授業を組み立てていきましょう。

本文の中で「みんなで考えたい」「疑問に思う」という場面や文を出し合いましょう。またそのように考えた理由も教えてください。

「残雪は，このぬま地に集まるガンの頭領らしい，なかなかりこうなやつで，…」と書いてありますが，<u>どのくらい利口なのだろう。鳥なのにすごい。</u>

「…ほおがびりびりするほど引きしまるのでした。」<u>ほおがびりびりするって，どんな感じなのだろう。大造じいさんは緊張しているのかなぁ。</u>

「が，なんと思ったか，再びじゅうを下ろしてしまいました。」<u>チャンスなのに，なぜ，じゅうを下ろすのだろう。ぼくだったら，うつと思う。</u>

「じいさんは，おりのふたをいっぱいに開けてやりました。」<u>せっかくつかまえた残雪をどうして逃がすの？</u>

「らんまんとさいたスモモの花が，その羽にふれて，雪のように清らかに，はらはらと散りました。」<u>美しい春の表現だな。秋の表現も見つけたい。</u>

子どもに発言させる前には，該当する箇所に線を引かせたり，一度ノートに理由（上記では下線箇所）も含め書かせたりしてから発表させるようにしたい。教師は子どもの発言を聞きながら「考えたい，疑問に思う」文や場面がどこに集中しているかをメモや板書をしながら整理する。そのためには，教材研究の際に，事前に「どこにどんな意見が集まるか」といった予想される子どもの反応を考えておきたい。

▶**子ども自身に「問い」を考えさせ，主体的に学ばせよう**　教師は，子ども自身に「みんなで考えたい箇所」「疑問に思う箇所」を見つけさせることで，主体的に学ぼうとする姿勢につなげます。例えば，子どもから複数出された問いを「情景に関すること」「大造じいさんの変化」「頭領としての残雪」等に分類します。そうすることでクラス全体がどこに興味を持っているのかを把握できます。それをもとに「大造じいさんとガン」の魅力に迫る学習計画を立てましょう。

Point 2　情景描写を読み深めよう

活動の流れ	① 本文中にある情景描写を探す。（あらかじめ情景描写については確認させる）
	② 教科書 p.230の情景描写「東の空が真っ赤に燃えて，朝が来ました。」に着目し前後の文章を読む。
	③ ②の情景描写がどんな意味を持つのか，どんな効果があるのか読み解く。
	④ ワークシートに授業のまとめを書く。

　「大造じいさんとガン」には読者を引きつけるための表現の工夫がたくさんあります。ここでは，情景描写「東の空が…」を取り上げ，大造じいさんと残雪の関係や戦いに対する大造じいさんの意気込みについて読み深めます。またこの情景描写が持つ効果についても話し合わせましょう。

Ｔ：「東の空が真っ赤に燃えて，朝が来ました。」は誰のどんな思いを表しているのでしょう。

Ｃ１：「真っ赤に」というところに大造じいさんの燃えるようなやる気が表れているのではないでしょうか。

Ｃ２：こんなにも大造じいさんがやる気になっているのはどうしてなのだろうか。それは，いままで仕掛けた作戦の中で一番自信があり，今回こそは残雪を仕留めることができるという表れではないかな。

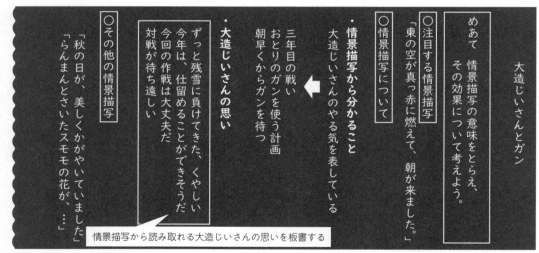

大造じいさんとガン

めあて　情景描写の意味をとらえ，その効果について考えよう。

〇注目する情景描写
「東の空が真っ赤に燃えて，朝が来ました。」

〇情景描写について
朝早くからガンを待つ
今回の作戦はおとりのガンを使う計画
三年目の戦い

・情景描写から分かること
大造じいさんのやる気を表している

・大造じいさんの思い
対戦が待ち遠しい
今回の作戦は大丈夫だ
今年は，仕留めることができそうだ
ずっと残雪に負けてきた，くやしい

〇その他の情景描写
「秋の日が，美しくかがやいていました」
「らんまんとさいたスモモの花が，…」

情景描写から読み取れる大造じいさんの思いを板書する

プラスα

▶情景描写に線を引かせ，次の学習に生かそう　教科書本文に出てくる，情景描写は，登場人物の心情を表していることがあります。そこで教材文中にある「あかつきの光が，小屋の中にすがすがしく流れこんできました」等の情景描写に線を引かせておきます。そうすることで３次の「私のおすすめのフレーズ」に生かすことができます。情景描写を探させ線を引かせる際には，４年生時に学習した「ごんぎつね」で「青いけむりが，まだつつ口から細く出ていました。」等の情景描写を学習したことを想起させます。教材文を提示しながら，情景描写について復習し，「大造じいさんとガン」にも生かすように指導しましょう。

活動の流れ

① 教科書 p.233「が，なんと思ったか，再びじゅうを下ろしてしまいました。」に着目し，前後の文章を読む。
② 大造じいさんの心情の変化を読み深める。
③ ワークシートを使って授業のまとめをする。

　ここでは教材文「大造じいさんとガン」の「山場」を読み深めます。「山場」は，登場人物の心情の変化が最も描かれる部分です。残雪との戦いを「さあ，いよいよ戦闘開始だ。」と意気込んでいた大造じいさんの思いは，なぜ大きく変化したのでしょうか。教師は教材文中の「が，何と思ったか，再びじゅうを下ろしてしまいました。」の前後の文章を探らせることで大造じいさんの思いの変化を読み取らせましょう。表のワークシートは，授業の最後に記入します。今日の授業の振り返り（まとめ）になるよう，板書も参考にしながら書かせます。

ワークシート記入例

大造じいさんとガン

五年　　組　名前（　　　　　　）

○着目する文章表現

「が，なんと思ったか，再びじゅうを下ろしてしまいました。」

○文章表現から分かること

おとりのガンを利用した三年目の戦いでのこと。残雪は，ハヤブサにおそわれたおとりのガンを助けるためにハヤブサに向かっていった。大造じいさんは，残雪をうてるのに，じゅうを下ろしてしまう。

○着目した文章表現から私が考えたこと

大造じいさんは，仲間を救おうとする残雪におどろき，心を打たれたのだと思う。もし，ハヤブサと戦う残雪をうっていたら，どうだろう。それはとてもひきょうなやり方で，これまでの大造じいさんと残雪の戦いも意味がなくなるような気がした。

着目させる文章を書く。

着目した文章の背景等を要約する。書きにくい子どもには「三年目」「ハヤブサ」「おとりのガン」「助ける」等をキーワードとして黒板に提示することで，キーワードをつないで書かせるようにしたい。

文章に対する自分の考えや思いを記入する。ここでは，これまでの残雪を仕留めるために周到な計画を立てた大造じいさんのこれまでの経緯を振り返らせながら書かせるようにしたい。

プラスα

▶教師がキーワードを提示し，考えを書かせよう　　子どもは，４年生「一つの花」の学習で，場面の様子を比べて感想を書く活動を経験しています。しかし教師が「書いてみましょう」と発問しても書けない場合があると考えられます。その場合は目標に迫るキーワードを提示し書かせるようにします。上の例でいけば，「心を打たれる」「ひきょう」といった言葉を板書しておきます。そうすることで子どもにとっては「全く考えが浮かばない」といった事が少なくなると考えられます。

文章構成を捉え自分の意見を表現する

6年『時計の時間と心の時間』（光村図書）

● 目指す子どもの姿

　教材文「時計の時間と心の時間」は，〈練習〉教材である「笑うから楽しい」とセットで構成されています。2つの教材は説明的な文章で，主張が「初め」と「終わり」にあり，「中」に事例が示されている文章となっています。東京書籍6年「イースター島にはなぜ森林がないのか」では，序論・本論・結論といった構成や事例を読み取り，筆者の考えを読み取る学習をします。本単元では，子どもに事実と感想，意見等の関係と文章全体の構成を捉えさせ，筆者が述べたいことの中心を読み取らせることが大切です。また，ここでは筆者の主張と事例の関係を捉える力を付けます。さらに，4次では「私と時間」というテーマで事例を入れた意見文を書く言語活動を設定し自分の経験やこれからの生活と結び付け言葉の力の定着を図ります。

目標	・事実と感想等の関係について叙述をもとにおさえ，文章全体の構成を捉え，筆者の主張をつかむことができる。

具体的な活動	Point 1	自分自身が「納得したこと」「疑問に思ったこと」を明確にしよう
	Point 2	事例に対する自分の意見を伝えよう
	Point 3	「私と時間」をテーマに意見文を書こう

●単元計画（全8時間）

1次（2h）	2次（4h）	3次（1h）	4次（1h）
・教材文を読んだり学習課題を確認したりして，学習の見通しを持つ。 ・「笑うから楽しい」の文章の構成を確かめ，自分の考えを持つ。　Point 1	・「時計の時間と心の時間」の文章構成を捉える。 ・4つの事例や事例の並びについて自分の考えを持ち，メモする。　Point 2	・作者の主張に対する自分の考えをまとめ，伝え合う。	・「私と時間」をテーマに意見文を書き，読み合う。　Point 3

自分自身が「納得したこと」「疑問に思ったこと」を明確にしよう

活動の流れ

① 「笑うから楽しい」の文章構成を読み取り，ワークシートに簡単にまとめる。
② 作者の主張とそれを支える２つの事例を確認する。
③ 作者の主張や事例について「納得したこと（！）」「疑問に思ったこと（？）」を記入し，自分の考えをメモする。

　「笑うから楽しい」は，「時計の時間と心の時間」を読むための〈練習〉教材としての位置付けになっています。「時計の時間と心の時間」での主張や事例の関係を捉える学習に生かせるように，関連させながら取り組ませます。「納得したこと（！）」「疑問に思ったこと（？）」を記入し意志表示してから，自分の考えをメモさせることで考えを明確にすることができます。

ワークシート記入例

事例に対する納得（！）や疑問（？）の意思表示を記号で書かせる。

終わり	中			初め	段落
④	③		②	①	段落
（主張）体と心は深く関わり合っている	温度を下げ、楽しくなるのかな？　？　深呼吸するだけでも脳内の血液	（事例2）笑顔は多くの空気を取り込み、脳内の血液温度を下げ、楽しい気持ちになる。	どん楽しくなった。最後は何で笑っている分からなくなった。　！　友だちと笑っているうちにどん	（事例1）笑っているときの表情を作ると楽しい気持ちを引き起こす。　（主張）体の動きと心の動きが密接に関係している。	段落の役割と自分の意見

事例に対する考えをメモさせる。

プラス α

▶**小学生としての批判的思考を身に付けさせよう**　批判的思考とは，相手の意見を否定するようなことではなく，多面的・多角的な物事の見方をすることです。教科書の記述を鵜呑みにするだけではなく，「本当にそうだろうか？」と問いを持って学びを進めさせることが批判的思考を養うことにつながります。そのためには，筆者の事例に対して疑問に思ったことを「う～ん（？）」の記号とともに書き出し自分の考えを述べさせることが大切です。

Point 2　事例に対する自分の意見を伝えよう

活動の流れ

① 「時計の時間と心の時間」の４つの事例や作者の意図について読み取る。

② ４つの事例について「納得したこと（！）」「疑問に思ったこと（？）」のどちらかを示しながら、自分の考えをメモする。

③ 事例についてのそれぞれの自分の意見を伝え合う。その際、自分の意見にも事例を入れながら述べるようにする。

教科書の構成

終わり	中						初め	
⑧	⑦	⑥	⑤	④	③	②	①	段落
（主張）	（まとめ）	（事例4）	（事例3）	（事例2）	（事例1）	（用語）	（主張）	段落の役割と自分の意見

> 「心の時間」の捉え方は、人によって違うんだね。確かに、時間を気にして急いでいる人もいるし、逆にゆっくり行動する人もいるね。

（事例4）「心の時間」は人によって感覚が違う。

！

給食を食べる速さもこれにあたるのかなと思った。ぼくは、友だちより給食を食べるスピードが速い。つくえを指でトントンする実験もみんなより、少し速かった。教科書にのっている歩くスピードや会話での間の取り方についても観察してみたいなあ。

> 書き出せない子どもには、右のようなモデルを示したい。また「このような経験はないですか？」と教師から問い、子どもの経験を想起させたい。

プラスα

▶意見を支える事例の挙げ方を考えさせよう　自分の意見を述べるとき、事例があった方が伝わりやすいことを実感させましょう。例えば「『心の時間』は人によって感覚が違う」という事例がある場合と、ない場合の筆者の主張の受けとめ方を考えさせてみましょう。また、相手に納得してもらうための事例を的確に挙げている子どもを取り上げ、皆に広めていくことも有効です。

<table>
<thead>
<tr><th>活動の流れ</th><th></th></tr>
</thead>
<tbody>
<tr><td rowspan="4"></td><td>① ワークシートに書きためた自分の意見を読み返す。</td></tr>
<tr><td>② ①を参考にして時間についての意見文を書くための構成メモを書く。</td></tr>
<tr><td>③ ②を読み返しながら，理由や事例が意見とつながるように工夫する。</td></tr>
<tr><td>④ 書いた意見文を読み合い，友だちの意見文にコメントを書く。</td></tr>
</tbody>
</table>

３次までの学習を生かして，時間について考えたことを意見文にさせましょう。自分の意見や考えを支える事例は，教材文を参考にすることを条件に，自分の経験から説得力のある事例をどのように引き出させるかがポイントです。

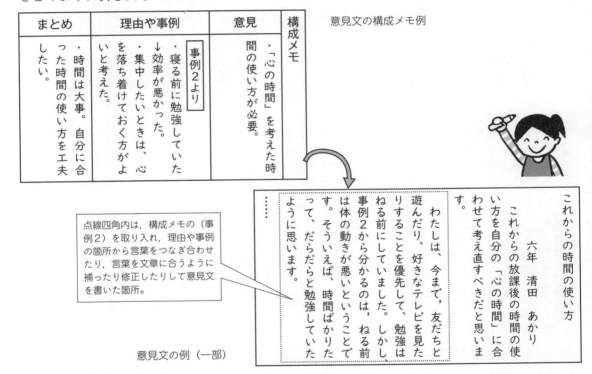

意見文の構成メモ例

まとめ	理由や事例	意見	構成メモ
・時間は大事。自分に合った時間の使い方を工夫したい。	・寝る前に勉強していた→効率が悪かった。・集中したいときは、心を落ち着けておく方がよいと考えた。 〔事例2より〕	・「心の時間」を考えた時間の使い方が必要。	

点線四角内は，構成メモの（事例2）を取り入れ，理由や事例の箇所から言葉をつなぎ合わせたり，言葉を文章に合うように補ったり修正したりして意見文を書いた箇所。

意見文の例（一部）

これからの時間の使い方

六年　清田　あかり

これからの放課後の時間の使い方を自分の「心の時間」に合わせて考え直すべきだと思います。

わたしは、今まで、友だちと遊んだり、好きなテレビを見たりすることを優先して、勉強はねる前にしていました。しかし、事例2から分かるのは、ねる前は体の動きが悪いということです。そういえば、時間ばかりたって、だらだらと勉強していたように思います。

プラスα

▶理由や事例が意見とつながっているのかを考えさせよう　　子どもは理由や事例を書いていれさえすればよいと思い，自分の言いたいこと（主張）と合っていない理由や事例を書く場合があります。それを防ぐための手立てとして教師は，複数の子どもを抽出し「自分の言いたいこと（主張）は何ですか」と問います。そして子どもに「私の主張は○○です」と答えさせます。さらに教師は「では，それを支えるための理由や事例は何ですか」と問い返しながら子どもが話したことを板書します。クラスの他の子どもに，やりとりや板書を見せながら「つながっているかな？」と問い確かめさせます。つながっていない場合は「どのような理由や事例であればよいですか？」と問い，理由や事例と意見とのつながりをクラスで検討させましょう。

読むこと
（物語文）

12 登場人物の関係性を理解し，その生き方を話し合う

6年『海の命』（光村図書他）

●目指す子どもの姿

　本単元は，小学校国語科における最後の物語教材です。また東京書籍6年でも扱われている教材です。これまで国語科で学習してきたことを踏まえ，登場人物の関係を捉えさせ，その生き方について話し合わせましょう。教材文「海の命」は，太一が少年から壮年になるまでの生涯が場面ごとに描かれているため作品の山場を捉えさせやすい構成となっています。そこで子どもには，登場人物の生き方や考え方が主人公である太一の生き方にどのような影響を与えたのか，クラス全体で話し合わせます。太一の生き方に対して子どもが自分の考えを持てるための活動やその手立てを計画しましょう。子どもに考えをまとめさせる際には，クラスの仲間はもちろん，家族や担任以外の教師といった立場の異なる人々の意見も取り入れさせます。そうすることで小学校国語科最後の物語教材にふさわしい充実した学習となります。

| 目標 | ・文章を読み，それを踏まえた意見や感想を共有し考えを広げることができる。
・人物像や物語の全体像を具体的に想像したり，読んで理解したことに基づいて，自分の考えをまとめたりすることができる。 |

具体的な活動	Point 1	これまでの「たいせつ」を確認しよう
	Point 2	太一に影響を与えた人物の生き方や考え方を視覚化して整理しよう
	Point 3	題名「海の命」の意味をクラス全体で考えよう
	Point 4	自分の考えをまとめ，まとめたことを広げよう

●単元計画（全6時間）

1次（1h）	2次（3h）	3次（2h）
・物語作品を読む上で，大切にするべき事柄を確認する。　Point 1 ・「海の命」を読み，学習の見通しを持ち，話し合いたい箇所を明確にする。	・太一に影響を与えた人物の考え方を整理し，題名の意味を考える。　Point 2 ・太一の生き方について自分の考えをまとめる。　Point 3	・自分の考えを他者と交流することによって，自分の考えを広げる。　Point 4

これまでの「たいせつ」を確認しよう

活動の流れ

① これまでに学習した物語作品を振り返る。
② 各教材で学んだことを全体で整理する。
③ ②の「たいせつ」を見渡し，これからの学習に生かす。

　「海の命」を学習するにあたり，まずはこれまでに学んだ物語教材を振り返らせ，大切なポイントを整理させましょう。教科書巻末にある「付録」には，「たいせつ」のまとめが書かれています。5・6年生で学習した物語教材を中心に，本単元に関係する「たいせつ」をクラス全体で確認させ，教師と一緒に整理し，整理したものをこれからの学びに活用させるようにします。

整理したもの

6年生の物語教材だけではなく，5年生の教材も振り返らせると，関係する「たいせつ」を確認しやすくなる。

物語教材の「単元扉」に書かれている目標も確認する。

「海の命」の目標

① 登場人物の関係をとらえ，人物の生き方について話し合おう

五年「なまえつけてよ」

①につながる「たいせつ」は……

● 登場人物の会話や行動に注目して，心情をとらえる。
● 心情が変化するきっかけとなった出来事を見つける。

六年「帰り道」

②につながる「たいせつ」は……

● 人物の様子や行動を表す言葉や会話文から，その人物の見方や考え方を想像する。
● 自分と比べながら読み，人物像を深くとらえる。

「心情」や「見方や考え方」，「人物像」等の国語科で大切な言葉は，赤字や太字で強調する。

すべての「たいせつ」を振り返るのではなく，「海の命」に関連することのみを厳選し板書する。

プラスα

▶**系統性を意識した学習をさせよう**　これまで学んだ教材（系統立てて配列）において，身に付けた言葉の力（読み解く能力）の確認が必要です。例えば，これまでの学年の教科書を教室に常設します。教師は，子どもと「どんな力を付けてきたのか」教科書をめくりながら確認します。子どもが学習してきたことを一緒に把握することで，本単元で付けたい力が明確になります。

Point 2　太一に影響を与えた人物の生き方や考え方を視覚化して整理しよう

① 太一に影響を与えた人物を確認する。
② 各自で生き方や考え方につながる叙述に線を引き，分かったことを表にまとめる。
③ ②をクラス全体で共有し，内容を整理する。

　2次では，太一が瀬の主と対峙する場面に着目させ，太一の考え方の変化を読み取らせます。教師は子どもに考え方の変化を捉えさせるために，太一に影響を与えた人物である与吉じいさや父，母の考え方を整理させます。そのためには，これらの人物の考え方に関係する叙述に線を引かせ，そこから分かることを表に整理してまとめさせます。

下のようなワークシートを作成する。その際，教師は板書とワークシートの内容を連動させたものを作成すると，その内容を教師と子どもで共有しやすくなる。

母	与吉じいさ	父	人物
「私はおそろしくて夜もねむれないよ。」	「千びきに一ぴきでいいんだ。千びきいるうち一ぴきをつれば、ずっとこの海で生きていけるよ。」	「海のめぐみだからなあ。」	じょ述
瀬の主にいどみ敗れた父の死を悲しみ、太一も同じ海で命を落とすことをおそれていることが分かる。	大物をつることや、たくさんの魚をつることではなく、海の資源を大切にして、必要な数だけをつることが大切だという考え方が分かる。	魚をしとめることができるのは、自分の力ではなく、海のめぐみによるものだといううけんきょな考え方が分かる。	分かること

生き方や考え方につながる叙述が見つけにくい子には，Point1で学習した「会話や行動に注目する」ことを想起させるようにする。

プラスα

▶叙述に即して人物の考え方を捉えさせよう　　物語文において人物像を捉えさせる際には，叙述（本文）をもとに検討することが基本です。人物像やその人の考え方を検討する際，教科書本文を全て見渡し，それに関わる叙述を見つけ，それら一つ一つの叙述から何が分かるのかを表やワークシート等にまとめ，そこからどんな人物像や考え方が分かるのかを検討します。そうすることで，子どもの読みの深まり（読みの浅さ）が確認できるとともにさらに読みを深めていくための手立てを考えることもできます。

Point 3 題名「海の命」の意味をクラス全体で考えよう

活動の流れ

① 題名「海の命」の意味について，自分の考えをまとめる。
② クラス全体で「海の命」の意味について交流する。
③ ②の成果をもとに，「海の命」の意味について各自で再度まとめる。

　教師が子どもに物語の主題に迫らせるための活動の1つとして題名の意味を考えさせます。Point2の学習活動を踏まえ太一の考え方の変化について検討させ，題名「海の命」の意味に迫らせます。話し合いの主役は子どもですが，発言を聞きながら教師が問い返しをすることで新しい視点を提供します。このことは話し合いの内容をより深め，目標に迫るように子ども同士の考えをつなぎ合わせることになります。

●題名「海の命」の意味を考えるやりとり例

> 教師は子どもの発言をどのように問い返すのか考えながら聞く。

> 「海の命」とは，生き物の命を大切にして海と共存していくことの大切さを意味していると思います。

> なるほど。その考え方には，誰の考え方が影響していますか。
> **（考え方について問う）**

> 与吉じいさの考え方が影響しています。「千びきに一ぴき」という発言から，海の生き物の命を大切にすることの重要性が分かります。

> 海の生き物の命に注目した良い考えですね。与吉じいさ以外にも，物語に出てくる母の存在は，どのように「海の命」と関係しそうですか。**（人物像について問う）**

> うーん，物語に最後に「おだやかで満ち足りた，美しいおばあさんになった」とあるので，作者は，海の生き物だけではなく，太一や与吉じいさ，父や母等，海に関わって生きる人のことも伝えたいのかもしれません。

> 教科書やこれまでのノートを参考に考えを発言させるようにする。

> たしかに，海の生き物だけではなくて，海に関わって生きる人々の命を表していると感じました。

プラスα

▶事前に子どもの考えを把握しておこう　教師が題名について子どもに考えさせる場合，「海の命」に関して子どもがどのような考えを持っているのかを把握したり，それに関しての発言例を考えたりしておくことが望まれます。この場合，「海の命」についての子どもが考えると思われる発言を10個程度考え，それに合わせた教師の問い返しを考えておくと，場当たり的な問い返しではなくなり，目標に迫る話し合いをさせることができます。（詳細は，p.122を参照）

Point4 自分の考えをまとめ，まとめたことを広げよう

活動の流れ

① 登場人物の生き方に関する自分の考えをまとめる。
② 子ども同士，それ以外の多様な立場の人の考えに触れる。
③ 授業全体の感想を書く。

　単元最後の活動は，人物の生き方について考えをまとめさせ，他者との交流を通して自分の考えを広げさせます。教師は「海の命」に関して，保護者や他の教師等から意見をもらい，それらを子どもに紹介する活動を仕組みます。子どもは様々な立場からの考え方を知ることで話し合いや自分の考えが深まります。

●他者との交流例

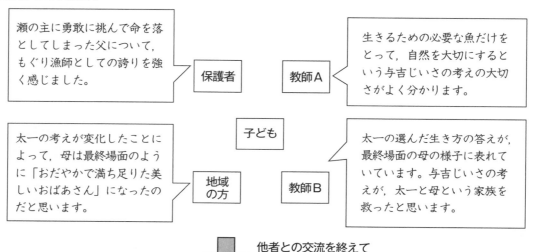

瀬の主に勇敢に挑んで命を落としてしまった父について，もぐり漁師としての誇りを強く感じました。 → 保護者

生きるための必要な魚だけをとって，自然を大切にするという与吉じいさの考えの大切さがよく分かります。 ← 教師A

子ども

太一の考えが変化したことによって，母は最終場面のように「おだやかで満ち足りた美しいおばあさん」になったのだと思います。 → 地域の方

教師B ← 太一の選んだ生き方の答えが，最終場面の母の様子に表れています。与吉じいさの考えが，太一と母という家族を救ったと思います。

他者との交流を終えて

 おとうや与吉じいさの影響を受けて太一の生き方が変わったことは学習してきましたが，様々な人の意見を聞いてみると，太一の生き方の変化が母の生き方にも変化を与えている等，様々な人の生き方やその変化は，つながり合っていることが分かりました。

保護者や教師等からの意見で，自分自身の視点にはない意見や共通する点をメモさせながら聞かせる。本事例の場合は「太一を取り巻く人とのつながり」が共通点となる。

プラスα

▶テレビ会議システムを利用させた交流も視野に入れよう　子どもに様々な考え方に触れさせる方法としては，手紙や直接会って話を聞く等があります。その他には，テレビ会議システムを利用した交流も考えられます。実際に顔を見ながらリアルタイムに考えを交流することで，時間や距離を超えた様々な人との交流を可能とします。さらなる意見の広がりも期待できます。

Chapter 2

Q&A でよく分かる！
国語科の授業づくり＆指導のポイント

Q01 音読はどのように指導したらいいの？

Answer 音読指導の基礎を踏まえ，形態とその効果を生かした音読をさせましょう。

1 音読指導の基礎

音読指導のスタートとして以下の❶から❹のことを指導しましょう。

> ❶場面に応じた声の大きさ❷音読する時の姿勢❸正しい発音❹音読の色々（感情の変化）等

❶❷は，例えば「グループで話し合うときとスピーチするときの声の大きさは同じでしょうか」と問いかけ子どもに考えさせます。それを踏まえ「グループで話し合うときはグループ内で聞こえる大きさで話す」「スピーチするときは，黒板から座席が一番遠いところに座っている人に聞こえる声で話す」等を意識し音読させます。教師が見本として音読するのも有効です。姿勢に関しては「目線や教科書の持ち方」等を指導します。❸は「口形」を意識させ，「句読点」で区切りながら音読させます。❹は子どもに声のトーンに変化（感情）を付け音読させます。例えば「あ，い，う，え，お」の読み方を「悲しそうに」「嬉しそうに」「寂しそうに」「びっくりして」等，感情を加えた音読をさせると楽しく続けられます。

2 音読指導の形態とその効果を生かした授業展開

音読指導の形態には以下のようなものがあります。

> **【音読指導の形態例】**
>
> 一斉読み：クラスみんなで声をそろえて読む　　　指名読み：一人ずつ指名されて交代で読む
>
> 列読み：一列ずつ声をそろえて交代で読む　　　ばらばら（銘々）読み：指定されたページを全員がばらばらに一斉に読む　　　等

音読をさせる際には，それぞれのメリットデメリットを考えた上で音読させるようにします。例えば「ばらばら（銘々）読み」の場合，以下のメリットデメリットが挙げられます。

【メリット】

　○子ども個々のペースで音読できる。

　○教師が指定した時間内であれば，何度も音読できる。等

【デメリット】

　▲一斉指導の形態がとれないため正確に音読できているか教師が把握がしくい。　等

それぞれの音読指導の形態のメリットデメリットを踏まえ，授業の【導入】【展開】【まとめ】いずれの箇所に，どの音読をさせるのかを検討しましょう。例えば【導入】では「内容理解を十分させるために，個々にしっかりと読ませたい。そのためにばらばら（銘々）読みをさせる。」【まとめ】では「授業で学習した内容を踏まえた音読をさせたい。だから指名読み，もしくは一斉読みをさせる。」といったように音読の特徴とその効果を踏まえた授業計画が必要です。

Q02 初発の感想をどのように書かせたり，授業で生かしたりしたらいいの？

Answer 初発の感想の意味や意義を理解し，目的に併せて書かせましょう。初発の感想を書かせることは，子どもの読みの深さ（読みの浅さ）を見とるのに有効な手段です。

　初発の感想は，物語の学習に限らず説明文やその他の文章でもよく取り入れられる学習活動です。だからこそ，その意味や意義をしっかりと理解しておく必要があるでしょう。

初発の感想の意味・意義

子ども	教師
・感想をまとめることで，分かっていることや疑問に思っていること等を整理することができる。 ・他の人と感想を交流することで，読みの視野が広がる。 ・友だちがどこ（どの場面）に興味を持っているかを知ることができる。（考えを共有できる。）	（個々の見取りと学習への活用） ・どの程度内容を理解できているのか確認できる。 ・どの言葉や表現に疑問を持っているかを把握できる。 ・どこ（どの場面）に興味を持っているかを把握できる。 →単元計画を適宜修正できる。 →授業計画に活用できる。

　子どもにとって初めて読んだ感想をまとめ交流することは，自分の思考を整理できたり，疑問に思ったことを共有できたりする等，たくさんのメリットがあります。また，教師にとって「分かっていること」や「疑問に思っていること」から分かる読みの深浅，言葉の捉え方等，把握しておくべきポイントがたくさん詰まったものと言えます。これらをもとに，当初立てていた単元計画を見直したり，授業計画の中に「子どもから出た疑問」を組み込んだり，活用したりする方法があります。また，学習後に書かせた感想と初発の感想を比較させることも有効です。これは，子ども自身が「自分はこんなに読みが変わったのか」と客観的に自身の読みを捉えさせることができるとともに，読みが変化した理由（友だちの意見を聞いたり，一緒に考えたりといった学級で学んだ成果）も学級で共有させることもできます。

　パソコン端末等1人1台の整備が進む中，今後は子ども自身がノートだけではなくパソコンでも書くことができるようになります。ICT機器を積極的に活用すれば，初発の感想のキーワードを設定して，そのキーワードを書いた子どもを抽出する等，感想の活用がもっと手軽になるでしょう。

┌─────────────────────────┐
│ 感想の書かせ方・活用方法 │
└─────────────────────────┘

1　書かせた感想を分類（項目・場面等）することで，子どもの読みを把握する。

　子どもの感想を「こんなことが分かった（気づき・発見）」「分からなかった（疑問・不思議）」「おもしろかった（おもしろい）」「こわかった（こわい）」等で分類してみます。分類してみると，感想が集中する場面が出てきます。例えば，「ちいちゃんのかげおくり」（光村図書3年）では，4場面（ちいちゃんが1人でかげおくりをする場面）が多くなることが考えられます。その場面は，子どもが文章を読んで最も興味のある，心が動いた部分であるかもしれません。また，感想が集中する場面が重なる子どもを把握することで，「○○さんと○○さんは，この場面で～と考えていました。今日は，これをみんなで考えていきましょう。」といったように授業中に活用することも可能です。

┌────────────────────────┐　　　　　　　　　┌──────────────────────────────────┐
│ 戦争のお話だから「こわか ││ AさんとBさんは，ちいちゃんが1人でかげおく │
│ った」「かわいそう」とい │　　　　　　　　　│ りをしている場面を取り上げているな。授業で指 │
│ う意見が多いな。 │　　　　　　　　　│ 名してクラスのみんなに広めよう。 │
└────────────────────────┘　　　　　　　　　└──────────────────────────────────┘

2　キーワードを入れる等，感想を「限定」して書かせる。

　感想を書かせる時に，キーワードを入れて書かせる方法があります。キーワードは，その単元で最も考えてほしいこと，つまり単元の目標に迫るためのキーワードを教師が設定します。「ちいちゃんのかげおくり」（光村図書3年下）では，「かげおくり」や「戦争」「家族」等のキーワードを教師があらかじめ指定して書かせてみるのも良いでしょう。そうすることで，クラス全体で観点がぶれることなく感想を書き進めることができます。デメリットとしては，キーワードを限定することで子どもの思考が狭まり，自由な発想の意見が出てこない場合があることが挙げられます。多様な考えを求める場合は，キーワードを設定せずに行いましょう。キーワードを設定する場合は，教材を分析し，必要なキーワードを見極めながら設定することが必要です。また，「100字以上150字以内」というように文字数を限定することも有効です。文字数を限定することで，自分が感じたこと・伝えたいことの中心を考えながら感想をまとめさせることができます。

3　書くことが苦手な子どもにはこんな支援をする。

　「登場人物の気持ちが想像できない」「文章がなかなか読めない」「何を書いたらいいか分からない」等，感想を書くことを苦手にしている子どもには，以下のような支援を行ってみましょう。最初は書けなくても，少しずつ取り組んでいくことで苦手意識がなくなっていきます。年間を通した長期的な視点で，地道に取り組んでいきましょう。

①気になった挿絵を使う

　教科書に使われている挿絵を使って感想を書かせます。挿絵を提示し，「どの絵が心に残っていますか。」「どの絵のところが好きですか。」等と子どもに聞きます。その上で，「なぜその絵を選んだのですか。」「どうしてその絵のところが好きなのですか。」と理由を聞くことで，子どもの意見を引き出します。最後に「じゃあ，今言ってくれたことをノートに書いてみよう。」と指示することで，１つの感想を書くことができます。

②印象に残った部分を抜き出す

　教科書を読んで「印象に残った部分（言葉・文）」を子どもに問います。そして，その部分をノートに抜き出させ理由を書かせます。その「抜き出す→理由を書く」という流れを示すことで，感想をたくさん書けるようになっていきます。

③書く「型」を示す

　感想を書くことを戸惑う子どもにとっては，書き出しが難しいことも原因の一つにあります。そういった子どもには，書き出しの「型」を示してあげましょう。

　　・私が最も心に残った部分（言葉・文）は〜です。その理由は，〜です。
　　・私が不思議に思った部分（言葉・文）は〜です。その理由は，〜です。
　　・私が発見したことは〜です。
　　・私が分からなかった部分（言葉・文）は〜です。　　　等

書く型をいくつか示します。書き慣れていけば，抵抗なく感想を書けるようになるでしょう。

④箇条書きにする

　感想を長い文で書こうとすると，初めは書き出しにくいものです。そこで「気付いたこと」「不思議に思ったこと」等を中心に観点を示し，箇条書きでノートに考えを整理させることも有効な手段です。箇条書きにさせておけば，子ども同士でも感想を共有しやすく，教師も見取りやすいというメリットがあります。

Q03 書くことが苦手な子どもに どのような指導をしたらいいの？

Answer 書くための視点（ポイント）を示し，短い文章から書かせるようにしましょう。そして子どもに「これなら書けそうだ」と自信を持たせましょう。

　書くこと（観察文，報告文，意見文，行事をまとめた文等）が苦手な子どもは，何をどのように書けばよいか分からず「書くことがない」「何を書けばいいの」と悩んでいる場合が多いです。そのような子どもには文種に限らず「書くための視点（ポイント）」を示すことが大切です。

【ポイント】 構想メモをもとに学校行事を具体的に書こう

　運動会や音楽会等の行事の後に文章を書かせることがあります。教師が「運動会について書きましょう」といっても，急には書き出しにくいものです。そこで，構想メモから文を作るといった段階を踏んだ指導で学校行事に関する文章を書かせてみましょう。

文（運動会のリレーを想定した場合）を書く手順
1　ワークシート（構想メモ）を用意し，走っている時々での自分の様子や気持ち，周りの様子（友だち，家族，応援等）を書く。（次頁「構成メモ」）
2　構想メモをつなげながら，文章を書く。

1　ワークシート（構想メモ）を用意し，走っている時々での自分の様子や気持ち，周りの様子（友だち，家族，応援等）を書く。

　構想メモを個人で考えにくい子どもへの手立てとして，クラス全体で考える時間を設けます。例えば次のページのような構想メモを黒板に掲示し，「走る前」「スタートの時」「コーナーで」といったそれぞれの項目について考えさせ，発言させます。教師は，子どもが発言した内容を構想メモの吹き出しに板書します。子どもは，友だちの思いを聞き共有することで「こんなふうに書けばいいのか。」と個人の構想メモを作成する際の参考とすることでしょう。また，構想メモを書かせる順序として，低学年や中学年では「走る前」→「スタート時」→「最初のコーナー」…といった出来事の順序で書かせることで，順を追って思い出しながら書く習慣を付けさせます。一方，高学年では「ゴール時」→「最後のコーナー」→「最後の直線」…と最後の結末を意識させ，出来事を逆向き設計で書かせることも有効です。

> あなたは，運動会のリレーでどんなことを思ったり，考えたりしながら走っていましたか。運動会のリレーの演技を見ていた家族の人や観客の人には，あなたの心の中は分かりませんでした。あなたが走っていたそれぞれの場面の様子を簡単に書いてみましょう。

ワークシート（構想メモ）

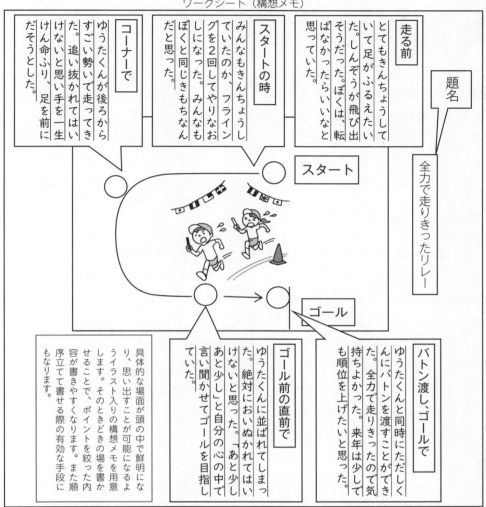

走る前

とてもきんちょうしていて足がふるえたいた。しんぞうが飛び出そうだった。ぼくは、転ばなかったらいいなと思っていた。

スタートの時

みんなもきんちょうしていたのか、フライングを2回してやりなおしになった。みんなもぼくと同じきもちなんだと思った。

コーナーで

ゆうたくんが後ろからすごい勢いで走ってきた。追い抜かれてはいけないと思い手を一生けん命ふり、足を前にだそうとした。

題名

全力で走りきったリレー

スタート

ゴール

バトン渡し、ゴールで

ゆうたくんと同時にただしくんにバトンを渡すことができた。全力で走りきったので気持ちよかった。来年は少しでも順位を上げたいと思った。

ゴール前の直前で

ゆうたくんに並ばれてしまった。絶対においぬかれてはいけないと思った。「あと少しあと少し」と自分の心の中で言い聞かせてゴールを目指していた。

具体的な場面が頭の中で鮮明になり、思い出すことが可能になるようイラスト入りの構想メモを用意します。そのときどきの場を書かせることで、ポイントを絞った内容が書きやすくなります。また順序立てて書ける際の有効な手段にもなります。

2　構想メモをつなげて文章を書く。

　1で書いた構想メモをもとに作文を書かせます。その際,「走る前」「スタートの時」「コーナーで」といった項目が見えるようなワークシートを用意して書かせるようにすると構成を意識した文章を書くことができるでしょう。

全力で走り切ったリレー

走る前
運動会での一番の思い出はリレーです。走る前、ぼくは、とてもきんちょうしていて、足がふるえていました。もしかしたら「しんぞうが飛び出るかもしれない」と思ったほどでした。それと同時に、ぼくは、「転ばなかったらいいな」とも思っていました。

スタートの時
いよいよ、スタートラインに立ち、ピストルの合図でスタートしました。しかし、みんなもきんちょうしていたのか、フライングを2回してやりなおしになりました。みんなもぼくと同じ気持ちでいるんだと思った。

コーナーで
またスタートの位置にもどりました。

Q04 メモを効果的にとらせるためには，どのようにしたらいいの？

Answer 「キーワード・箇条書きで短くまとめる」「話をまとまりで捉える」「つながりを図示する」等を意識してメモを取らせましょう。

　大事なところを落とさないように聞こうとしていても，聞き取ったことを記憶するには限界があります。そこで，聞いたことを記憶に留めておくために「メモをとる」ことが重要になります。「話すこと・聞くこと」領域でのメモの役割は，主に以下のようなものが考えられます。

話を聞きながら記録する聞き取りメモ

　「聞き取りメモ」は，話を聞きながら記録するものです。その役割には「キーワード・箇条書きで短くまとめる」「話をまとまりで捉える」「つながりを図示する」等があり，発達段階に応じた指導が必要です。また，「自分の考えをまとめ伝えるため」のメモもあります。これは，インタビューや話し合いを行う前に，自分の考えをまとめておくためのメモです。

　ここでは，発達段階に応じた「聞き取りメモ」の指導例を紹介します。

1　「キーワード・箇条書きで短くまとめよう」【低学年〜】

　メモをとる際には，初めに何のためにメモをとり，とったメモをどのように活用するのかというメモをとる目的を理解させましょう。そのためには，持ち物の連絡等，子どもが書き慣れている内容で練習するとよいでしょう。

> 明日の遠足の持ち物の連絡をします。1つ目は弁当。2つ目は水筒。3つ目はレジャーシート。4つ目は……

> 「1つ目は」と言われたら行を変えて「・」を打つようにしよう。これで箇条書きができそうだ。

聞き取りメモ例

遠足の持ち物
持ち物
・べんとう
・水とう
・レジャーシート
・ナップサック

教師が話す時には「1つ目」「2つ目」と伝えながら話すと，子どもが「・」を書くことができ箇条書きしやすくなる。

ちゅうい
・けんこうかんさつ
・九時に運動場に集合

低学年では，聞きながら書くという活動に慣れていないため，教師が話すスピードについていけないことがあります。日常指導として聴写（聞いたことを書く）を取り入れる等，聞きながら書く活動を経験させることも大切になります。

2 「話をまとまりで捉えよう」【中学年〜】

　話にはいくつかのまとまりがあります。話を聞く際には，聞き取る内容をまとまりごとに把握し，まとまりを意識して聞くように指導します。

> スーパーの店員さんから，仕事をする上で，大事にしていること，うれしいこと，困っていることについてのお話があります。

スーパーの店員：１つ目は仕事をする上で大事にしていることです。まずお客様が安心して商品が買えるように，店頭に並べる前に，複数で異物などが入っていないか，賞味期限などをチェックしています。

> スーパーの店員さんからは，仕事をする上で，大事にしていること，うれしいこと，困っていることの３つの話があるんだ。

まとまりごとに聞き取った聞き取りメモ例

スーパーの店員さんのお話メモ

スーパーの店員さんのお話から

 話のまとまりを意識させ，スペースをとりながらメモをとらせる。

大事にしていること

　複数で
　・異物が入っていないかチェック
　・賞味期限のチェック

うれしいこと

まとまりごとにスペースを空けたり線で区切ったりしながら，見出しを付ける。

　・新せんな商品が入った時
　・お客様からの「ありがとう」の言葉

こまっていること

　・予想した仕上がりにならない
　・新商品の開発に時間がかかること

---

3 「不足情報を補おう」【中学年～高学年】

　話をまとまりで捉えられるようになったら，メモを後から見返したときに，記録したものから情報が取り出せるよう，情報同士のつながりが分かるメモをとらせる指導が必要です。そこで，重要な箇所に線を引かせたり，話のまとまりを丸で囲ませたりすることが考えられます。また，子どもが話を聞きながらメモする際には，「これはどうするのだろう？　どういう意味なのだろう？」というような話を聞くだけでは分からない内容もあります。そのような場合，後で質問し確認させることで，不足している情報を補うよう指導します。その際には，後で確認する疑問（「？」マーク）と不足情報を書き足せるスペース（括弧等）もメモに書き加えさせます。あらかじめ，このような事例に関するメモをとらせるときには，子どもが情報の不足や疑問点等に気付き，後で確認したいと思うような話を教師が用意し練習しておくことが必要です。

> 感想カードはどうやって用意するんだろう。
> いつ集めるのかな。気になるな。

不足した情報を書き入れることができるように取ったメモ例

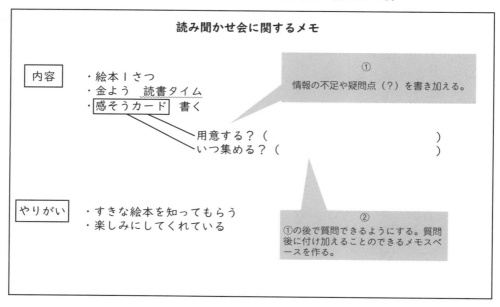

Q05 インタビューを成功させるためには，どのようにしたらいいの？

Answer　相手の発言に対応できるよう複数の質問を事前に考え，その順路を図式化します。

　インタビューは「きき手」と「話し手」が，ある話題に沿ってやりとりを行うことで成立します。そのやりとりを浅くするのも，深くするのも質問が鍵を握ります。下のように「野球の魅力」について何をどの順番できくのかを書き出します。1つの質問に対して予想される反応（答え）に対する複数の質問を用意しておきます。

【インタビューの質問予想図】

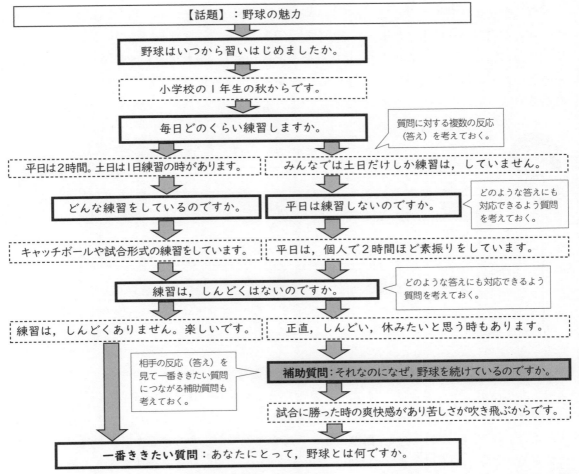

　慣れてきたら一番ききたい質問から逆算して質問を構成し図式化させましょう。質問する行為は，インタビューの成功の鍵を握ります。一番ききたい質問につながるよう，上のような質問する順路を作成し展開を考えさせることが大切です。

Q06 話を受けてつなげるとはどんなこと？

Answer 言葉を受け止めること，質問を大切にした指導を行いましょう[1]。

　ある子どもが一方的に伝えている，またどちらも発問や質問等なく停滞している話し合い等で困っていませんか？　そのような場合は，まずは，２人組のやりとりを充実させる指導から始めてみましょう。２人組は，聞き手と話し手が明確です。また２人組では必然的に相手の意見を受け止めたり質問したりそれに対して的確に応答したりしなければなりません。やりとりは一往復半から始めるとよいでしょう。

　さらにやりとりをさせる上で，話題が大切です。まずは「好きな食べ物」等，誰もが話しやすい身近な内容から始めましょう。その後「水泳について」「運動会について」等，クラスの皆が共通体験した行事や学習についての話題へと移ります。慣れてくれば「園児を喜ばせるための秋ランドで何をするか」「みんなが楽しめるドッジボールをするには何が必要か」といった話題で話し合いをさせていきましょう。以下，水泳を例に２人組でのやりとりを解説します。

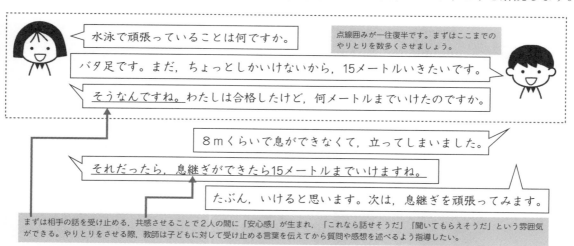

　上の例では，女の子が質問したり意見を受け止めたりしながらやりとりをしています。仮に女の子も水泳が苦手な場合は，「わたしは水泳が苦手だから，８ｍもいってないです。どうやってバタ足をすると前に進みますか。」等の返答も考えられます。またやりとりが途中で止まった場合，「○○さんのペアは，■■のところでやりとりが止まりました。この後どのような言葉を返すと話をつなげることができるでしょうか。」と問いクラス全体で考えさせることによって学びがさらに深まります。

1　詳細は，長谷浩也著（2013）『小学校国語科　対話が子どもの学びを変える　指導のアイデア＆授業プラン』明治
　図書　参照

Q07　授業の中で，どのように意見を交流させたらいいの？

Answer　交流の目的を明確にしましょう。その上で，子どもの実態や内容に応じて交流のパターンを使い分けましょう。

　国語科の「読むこと」に関連する単元は，文章を読んで自分自身がまとめた意見や感想を交流し，自分の考えを広げることが目標の1つとして定められています。自分の考えを全員の前で一方的に発表するだけではなく，友だちと自分の考えを比較したり，出てきた意見を整理したりするような交流活動を仕組みましょう。意見交流等の言語活動を仕組む際には，目的を明確にした上でパターンを考えましょう。それぞれの交流の形態のメリット・デメリットを考え，子どもの実態や単元の内容に合わせて，どのパターンを使うかを考えます。

表　交流形態のメリット・デメリット

目的	交流のパターン	◎メリット　△デメリット
考えを広げる	ペア	◎相手意識がはっきりとする。全員が参加しやすい。やりとりがしやすい。交流に費やす時間があまりかからない。 △多様な意見が生まれにくい。
考えを深める	グループ	◎意見が広がる。議論が深まりやすい。 △交流に費やす時間がかかる。仲間との関係が影響しやすい。
考えを整理する 考えをまとめる	全体	◎多様な意見を聞くことができる。教師が話し合いの状況を把握しやすい。 △個々の活動が保証されにくい。一部の子どものみの活動に陥りやすい。

交流のパターンは大きく3つに分けられる。目的を定め，子どもの実態や内容に応じて取捨選択するとよい。

目的に合わせて，教師がメリット・デメリットを把握した上で使い分けましょう。

導入（ペア）
↓
展開（グループ）
↓
まとめ（全体）

全ての指導過程（導入・展開・まとめ）で交流させるのではなく，「活動の目的に合わせて」位置付けるとよい。

　「主体的・対話的で深い学び」の実現に向けては，交流活動が欠かせません。授業で交流活動を取り入れる際には，左のように授業の目標に合わせて位置付けることが必要です。授業の中で対話を扱うとき，どこまで対話ができればよいか事前に予想する必要があります。そのために，目指す対話例やつまずきが予想される際の支援等，指導するための準備をしておきましょう。交流活動によって学習課題のすべてが解決するわけではなく，最終的には教師の指導や支援による吟味・焦点化が必要となります。

Q08 交流型のスピーチをさせるためには，どのようにしたらいいの？

Answer 　聞き手に質問させます。その後，質問への回答をスピーチさせます[1]。

　話し手と聞き手が一緒に創る交流型スピーチです。まず話し手が3文程度でスピーチします。その内容について，聞き手が質問します。教師は黒板等を使いながら，スピーチ内容や質問に対する話し手の反応を書き留めます。その後それらを踏まえて話し手が再度スピーチします。

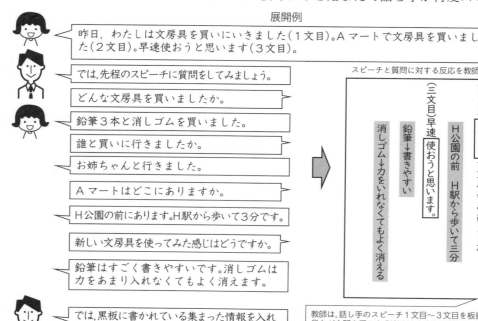

展開例

昨日，わたしは文房具を買いにいきました（1文目）。Aマートで文房具を買いました（2文目）。早速使おうと思います（3文目）。

では，先程のスピーチに質問をしてみましょう。

どんな文房具を買いましたか。

鉛筆3本と消しゴムを買いました。

誰と買いに行きましたか。

お姉ちゃんと行きました。

Aマートはどこにありますか。

H公園の前にあります。H駅から歩いて3分です。

新しい文房具を使ってみた感じはどうですか。

鉛筆はすごく書きやすいです。消しゴムは力をあまり入れなくてもよく消えます。

では，黒板に書かれている集まった情報を入れて，もう一度スピーチにチャレンジしてみましょう。

スピーチと質問に対する反応を教師が書いたもの（例）

（一文目）昨日，わたしは文房具を買いに行きました。

鉛筆三本　消しゴム　お姉ちゃんと

（二文目）Aマートで文房具を買いました。

H公園の前　H駅から歩いて三分

（三文目）早速使おうと思います。

鉛筆→書きやすい

消しゴム→力をいれなくてもよく消える

教師は，話し手のスピーチ1文目〜3文目を板書する。その後，板書を見ながら聞き手から5W1Hを中心に質問をさせる。次に話し手が質問に答えた内容を教師が，「鉛筆3本」「H公園の前」といったように，スピーチ文の横にメモする。事例にあるスピーチは，3文程度であり苦手な子どもも取り組みやすい。スピーチは「昨日の出来事」「最近あったうれしかったこと」や「クラスの出来事」等にすると身近な話題であるため質問しやすい。

質問に対する反応を書いた板書を見ながら再度スピーチする

昨日，わたしは，お姉さんと一緒に鉛筆3本と消しゴム1個を買いに行きました。前に使っていた鉛筆と消しゴムが小さくなってしまい，使いにくくなってしまったからです。鉛筆と消しゴムを買った場所は，H公園の前，H駅から歩いて3分のところにあるAマートです。Aマートで買った鉛筆と消しゴムは，今日から使っています。今まで使っていた鉛筆と消しゴムに比べると，鉛筆はすごく文字が書きやすいです。また消しゴムは，力を入れなくてもよく消えます。買ってよかったと思います。大切に使います。

　話し手には「うまく言葉をつないでスピーチできましたね。」「黒板に書かれていない情報も入れてスピーチできましたね。」，聞き手には「質問してくれたり考えてくれたりしたおかげでスピーチが分かりやすくなりました。」等と褒め交流型スピーチへの意欲を高めます。

---

[1]　詳細は長谷浩也（2013）「小学校国語科　対話が子どもの学びを変える　指導のアイデア＆授業プラン」明治図書　参照されたい。

Q09 「話し合い」を整理させるにはどのようにしたらいいの？

Answer　表を活用し整理しましょう。

　子どもが「話し合い」をしている際に，どんなことを考えていたのかを可視化するのは難しいとよく言われます。話し合いの中で子どもが語った言葉は，消えて無くなります。記憶に頼るのも個人差や限界があります。そこで大切になるのが，思考ツールである表を用いた話し合いの可視化です。表を用いた話し合いの整理の方法について考えてみましょう。

●表を活用し話し合いを整理した例
話題：みんなで楽しめる，休み時間の遊びを考えよう

	何をするか	理由	質問	よい点	問題点
石田	ドッジボール	ルールが簡単	苦手な子は？		苦手な子 楽しめない
三宅	リレー	全員走る	どこを使うか	みんなで協力	場所
坂本	大縄跳び	同じ 協力できる	待ち時間 長い →縄2つに	みんなで楽しめる みんな楽しい	
伊藤	おにごっこ	走り回れる		みんな 楽しめる	

> 共通点や相違点をグルーピングすることで，情報が整理され，論点が明確になる。

　表の縦軸に話し合いのメンバーを，横軸に「何をするか」「理由」「質問」「よい点」「問題点」といった観点を書きます。このように表で話し合いを整理すると話し合いの内容が可視化されます。表に書き込む際は，キーワードを箇条書きで記入していきます。この後，表をもとに話し合いを振り返らせることも可能です。例えば，表を活用した次の展開を考えたとき「ルールが簡単」という理由で最終的にドッジボールに決まったとします。しかし，表を見てグルーピングしていくとリレーとおにごっこの「走る」という理由が同じことやリレー，大縄跳び，おにごっこでよい点として挙げられている「みんなで楽しめる」に対して，ドッジボールでは「苦手な子が楽しめない」という問題点が浮き彫りになってきます。

　頭の中で考えるだけでなく，表に示すことは，複雑だった情報が整理されたり，話し合いの内容の共有化が図れたりする等の効果も期待できます。

　表以外にもイメージマップやベン図，ホワイトボードや模造紙等を活用し書き込ませるのも全員の思考を整理するのに有効です。

Q₁₀ 発言を簡潔にさせるためには，どのように指導したらいいの？

Answer　簡潔に発言できるよう，教師が普段の授業から子どもに意識させる取り組みをしましょう。

　子どもが，懸命に考えている姿は素晴らしいものです。教師はそんな時に，長々と発言した子を褒めることが多いです。そうすると，「長々と話す」ことが良いことだと勘違いする子どもも出てきます。もちろん発言した行為自体は肯定すべきことです。しかし全ての発言をそのまま認めていては，国語科における「話す力」は付きません。自分の伝えたい考えをできるだけ要点を押さえ簡潔に述べることは，すべての学習活動において重要です。そのためには，日々伝えたいことを考えた上で簡潔に発言させる指導が大切です。その際に，「短く話しましょう」「簡潔に言いましょう」という指示も有効ですが，何をどのように短くしてよいかが分からない子どもにとっては難しい指示となります。そのような時は，「大切な内容（キーワード・キーセンテンス）」を考えさせるとスムーズに短くできます。また，クラスで「友だちの意見を聞く」→「大切な内容を見つける」→「簡潔な内容にする」という活動を展開すると「簡潔に話すこと」への手順の共有が図れます。

● 「簡潔な内容」にするための教師の問いかけ

Aさん

私は，アップとルーズの文は分かりやすいと思います。アップとルーズのことがたくさん対比されて書かれているので読んでいる私にとって分かりやすかったです。それをよく読むと詳しいです。それに写真も入っています。

大切な言葉を見つけさせる

文章の構成に目を向けた発言ですが，伝えたいことを絞って簡潔にするともっと分かりやすくなりますよ。

クラス全体でAさんの発言をさらに分かりやすい発言に変えましょう。今のAさんの発言で大切な部分はどこでしたか？　また，これがあったらもっと良いと思うことはないですか？

Bさん

「アップとルーズの文は対比されている」「写真もあって分かりやすい」ということです。どんなことが対比されているか知りたいです。

簡潔に言わせる

Aさん，先ほどBさんが伝えたことを活かして，話しましょう。

Aさん

私はアップとルーズの文は分かりやすいと思います。アップとルーズの特徴はを言葉だけではなく写真を入れながら対比されて書かれているからです。

　上の例では，教師はクラス全体でAさんの発言の大切な内容を考えさせています。そうする

ことでＡさんは自分の発言内容を客観的に再度確認できます。またＢさんや他の子どもも発言の大切な内容を捉える力が付きます。この力は，自分の発言を簡潔にする際にも活かされます。また教師が，Ａさんのまた教師が，ＡさんにＢさんが伝えた大切な箇所や知りたい箇所を入れた上で再度，Ａさんに発言させています。これによってＡさんにとって大切なことを落とさないで簡潔に伝える方法が実感できると同時にみんなの前でやり遂げたという自信もつくことでしょう。キーワードが出にくい場合は，教師が板書し「○○と▲▲の言葉を使って話しましょう」と手立てを講じましょう。以下，簡潔に発言させるための様々な指導のアイデアを紹介します。

●簡潔に発言するための指導のアイデア

❶最初に
結論を
話させる

一番伝えたい事（結論）をまず先に話しましょう。

私は○○と考えます。なぜなら□□。 （頭括型）

私は○○と考えます。なぜなら□□。よって私は○○です。 （双括型）

❷理由の数
を最初に
話させる

最初に意見を言います。次に理由を話します。その際に理由の数を伝えてから，話しましょう。

私は，アップとルーズの学習で大切なことは「対比」だと思います。理由は，2つあります。1つ目は…。2つ目は…。

私は，昨日○○ちゃんと遊んで，それでね，おにごっこをしてね，それからお菓子を食べてね…

❸一文一義を
意識して
話させる

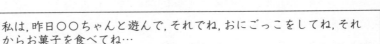

今△△さんが話してくれたことを黒板に書いてみますね。何か思うことはありますか？

一文が長いので，何が大切か分かりにくいです。

一文が長いので，一つの文を短くします。そこには伝えたい事を一つだけ入れるようにしたらいいと思います。

△△さん，一文を短くすることを意識して話してみましょう。

私は，昨日○○さんと遊びました。遊びは，おにごっこをしました。途中でおかしを食べました。…

△△さん，一文を短くすることを意識して話せましたね。何をしたのかが分かりやすくなりましたね。

Q11 「話し合い」の評価はどのようにしたらいいの？

Answer　音声言語（話し合い等）の評価方法とその特徴を踏まえた評価をします。ポイントは音声言語の可視化です。

■音声言語（話し合い等）の評価方法とその特徴

　教師がやり取りを聞き取って黒板等に整理し，その後「表を活用して共通点・相違点を整理できていましたね」「相手の意見を受けとめながら自分の意見を言えていましたね」と称賛します。このような称賛は次時の授業で意見を整理する際に生かすことができたり，子どもの学習意欲につながったりします。しかし全ての時間において，教師がクラス全ての子どもの評価をするということには限界があります。そこで，音声評価（話し合い等）の方法とその特徴及びその活用例を整理します。特徴を知り，活用例を参考にそれぞれの場面に応じた的確な評価を行いましょう。

1　評価方法とその特徴及び活用例の整理

①即時評価（観察等）

　即時評価は，子どもが話し合いをしている最中に，その場で評価するものです。即時評価は，教師がする場合と子どもがする場合があります。特徴は，その場で教師が評価する場合，子どもに対してすぐに的確な助言ができることが挙げられます。教師が評価をするので的確であり，次の活動に対しての指導や支援を考える形成的な評価が行えます。しかし，教師1人に対して見取る人数には限界があります。

　一方，子どもが評価する場合は，教師が行う評価とは異なり事前に「どこを評価するのか」といった視点をあらかじめ伝えておく必要があります。例えば教師が「意見の同じところ・違うところを意識して話せているか」といったように伝えておくようにします。また「話し合いの中で主張とそれを支える理由が話せているか」という箇所を評価する場合，次のような発問や指示を出して活動させてみましょう。

●発問や指示例

> ある話し合いを聞いてもらいます。（事前に録音したものでもよいし，実際の話し合いでもよい）
> みなさんは，「主張とそれを支える理由」をよく聞いておきましょう。その中で，どの発言がよかったのか，なぜその発言が良かったのか，反対に問題点はどこか，どうすれば問題点が改善されるのかをメモを取りながら聞きましょう。

> ○○と△△の発言がよいという意見が出ました。みなさんはどちらがよいと思いますか。それぞれの意見を目標と照らし合わせて，考えていきましょう。

②録音による評価

　録音による評価は，話し合いの後，その内容を音声として確認できます。特徴としては，声の大きさや抑揚，話し合いの内容について気になった箇所を振り返ることが可能です。教師が録音したり，子どもが録音したりすることも可能です。

　録音は，音声を保存し聞き返すことができるので「誰がどんな発言をしたのかな？」といった曖昧さがなくなるため，印象での評価を防ぐことができます。また，話し合いの授業を重ねたとしてもデータとして音声を保存することができます。しかし，授業の中で録音をした話し合いを聞くことになるので，教師は「いつ，どの場面で再生し，音声を子どもに聞かせるのか」といった授業計画を綿密に行っておくことが必要です。

●発問や指示例

> （クラス全体で再生する場合）録音したものを，もう一度聞き返してみましょう。聞いているときには，誰がどんな理由で意見を話していたのか，誰と誰の意見が共通しているのか考えながら聞きましょう。

> （子どもがグループで再生する場合）共通点が聞き取りにくい場合は，何度も再生し，内容を確実に把握しましょう。

③録画による評価

　録画による評価は，録音と異なり，態度や表情を含めて話し合いを振り返ることができます。毎時間の話し合いの授業ごとに蓄積もできます。音声情報と映像情報を同時に把握できるため総合的な評価が可能となります。再生するのに時間がかかるため，「どこで再生し，見せるか」といった教師による綿密な授業計画が必要です。

●発問や指示例

> 「間や相手の反応に応じたスピーチができているか」を中心に見てみましょう。相手の表情を見て，聞き手を意識した表現になっていたかどうかを見てみましょう。

> 「プレゼンテーションの内容に応じた適切な資料になっているか」を評価する際には，内容と資料，その枚数等に意識を向けましょう。

④音声の文字化による評価

　音声を文字化して評価する方法です。

　この評価方法は，子どもの発言を明確にし，話し合いの蓄積を可能とします。また，教師がすぐに，黒板やホワイトボード等に子どもの発話を速記するので，評価も即時にできます。

　さらに音声文字化アプリを活用すると，話し合いの保存や参加者の発話量をグラフにしたも

のをもとに「誰の発言で話し合いの展開が大きく変わったのか」を考えさせることも可能です。

収録例

- もじか① 一人目が喋ってみます。
- もじか② 私も喋ってみます。
- もじか③ 二人の会話が見えます、僕はどうでしょう。
- もじか① 皆さんの会話が共有されています。
- もじか② これは面白いですね。
- もじか③ 話した順に並ぶんですね。

●発問や指示例

その場で文字化をした話し合いのやりとりをみましょう。（文字化アプリを活用した場合）誤字等は気にせずに見るようにしましょう。話し合い例の発言の中で，もっと深めた方がよいところはありますか？　なぜ，そのように考えたのか教えてください。

2　評価したことを伝えよう（音声・文章）

　1で述べた評価方法を踏まえ，評価したことを伝える方法としては，音声と文章があります。音声の場合は，話し合いしている最中に「ここの発言がよいですね」「わたしだったら〇〇と発言する」といった発言を子どもに促えさせる伝え方をします。また，「□□の話し合いのどこがよいですか」「あなたなら，どのように発言しますか」と子どもに問い，考えさせることがあります。一方で，上記のような子どもの頭の中にある発言の意図や理由を書かせ，評価することも重要です。具体的に書かせることによって，理解度やその場の判断，見通し等，頭の中で行われている（見えない部分）ことが明らかになります。子ども自身も，書くことによって自身の考えを客観的に捉え，次の話し合いに活かすことができるでしょう。いずれも，課題を提示して答えさせるようにしましょう。例えば，以下のような課題が考えられます。

●理解を問う課題

　・中心はどこですか。　　・つないだ発言はどれですか。　　・深まった質問は何ですか。

●質を問う課題

　・どの質問がよいですか。それはなぜですか。　　・改善するとしたらどこですか。

●ある立場に立たせる課題

　・あなたら，どのように答えますか。　　・ここで質問するとしたらどのような質問をしますか。

●条件を与える課題

　・100字で答えましょう。　　・直前の意見を取り入れて答えましょう。

3　単元末等に総合して評価する際には

　単元末に総合して評価する場合には，以下のようなものが考えられます。

①　ある課題を与えて実際に話し合わせる。（音声での評価）

②　話し合いを収録した音声や映像を見せて考えさせる。（音声，記述での評価）

③　話し合いについての資料を読ませて考えさせる。（記述）　　等

　そこで，③の話し合いを読ませて問う評価問題を効果的に取り入れることで，子どものつまずきを解消するための一助となり，次の指導に生かすことができます

　評価問題を作成する際には，以下の①～④のポイントを意識して作成してみましょう。

---
①　教科書が示すプロセスに応じたメンバーの発言（やりとり）を考える。

②　教科書が示す目標（付けたい力）を確認し，それに応じた設問を考える。

③　作成した設問を実際に指導者が一度解いてみる。

④　複数の指導者で作成した評価問題を検討する。
---

①……教科書が示す進め方と参加者が発言しているモデル文について，その発言の内容や参加
　　　者同士が質問したり司会がまとめたりしているといった箇所に関わる点を参考にしなが
　　　ら，教科書に類似した発言や発言の構成を考えてみましょう。

②……単元を通して子どもに付けたい力に迫る設問を考えます。例えば以下のような設問が考
　　　えられます。

設問A

　もしあなたが，司会の立場ならどのように発言をしますか。学習したことを生かして自分の言葉で書いてみましょう。

設問B

　2つ目の原因として考えられることを，司会者になったつもりで考え，話し合いの流れに沿うように書き込みましょう。

③・④……教師自らが一度作成した設問を解いてみます。作成した設問に対して子どもがどの
　　　　ように答えるのかを考えたり，正答とする表現を決めたりします。また，そのこと
　　　　を複数の教師と行うことで，評価問題，子どもの反応例（答え）の精度が上がりま
　　　　す。

　以上のように評価の性質に応じて，それを単元に適切に位置付けます。様々な角度から，子どもの活動を見取り，見取ったことを次の指導に適切に位置付けるようにしましょう。

Q₁₂ 発問はどのようにしたらいいの？

Answer まずは，教科書本文を見て発問を考えます。次にその発問が「情報を集める（確認する）発問」「考えさせる発問」のいずれにあてはまるか分類します。その後，分類した発問を授業展開（導入・展開・まとめ）のどこで行うかを考えましょう。

　付けたい言葉の力を育むための授業を仕組む上で発問は非常に重要な役割を果たします。文部科学省は，発問の要件として以下の３点を挙げています（編著者が一部抜粋）。

・何を問うているのかがはっきりしていること

・簡単に問うこと

・平易な言葉で問うこと

文部科学省（「補習授業校教師のためのワンポイントアドバイス集」https://www.mext.go.jp/a_menu/shotou/clarinet/002/003/002.htm）

　授業を行う際には，簡単で平易な言葉で発問を行います。そして曖昧な言葉ではなく，子どもにとって何を考えたらよいのかがはっきりと分かるように問うようにします。また一度発問をすると，子ども同士の交流を経ながら，意見に深みが増した状態で教師のもとに返ってくることを理想としたいものです（図１）。指導過程（導入・展開・まとめ）のいずれの段階で行うのかにもよりますが，内容を確認する発問や発問後の子どもの反応が，「はい」「いいえ」「○○をしていました」等のものだけにならないようにすることが大切です（図２）。

図１

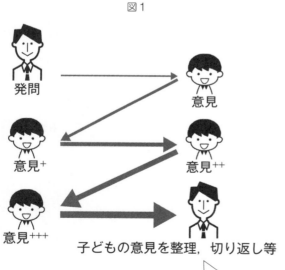

１つの発問から子どもの反応が数多く見られたり，１人の子どもの意見をもとに交流を経ながら徐々に深みが増したりするような発問を考える。

図２

上記の発問は「導入」又は「展開」の前段で行いたい。

そこで教師はこれらのことを大切にして，発問を作成してみましょう。ここでは「おおきなかぶ」（令和2年度版　光村図書他　1年上）を教材文として発問について考えてみましょう。教師が教材文を読み考える発問には，以下のようなものがあるのではないでしょうか。

① 　何人登場してきましたか。

② 　誰が登場してきましたか。

③ 　おじいさんは誰を呼んできましたか。

④ 　なぜ，かぶを引っぱる順番（おじいさん→おばあさん…）は，このような順番なのでしょう。

⑤ 　どうしてかぶは，ぬけたのでしょう？

上の①～⑤の発問のうち子どもが「う～ん」と考え，思考を働かせる発問はどれでしょうか。①～③は教科書の本文を見ると，本文に書いてあるためすぐに答えることができる発問ということが言えます。さらに図3でいえば，導入・展開・まとめといった45分間の指導過程において①～③は「内容を確認させる」「これまでの学習を振り返らせる」「展開部分でじっくりと考えさせるための情報収集をさせる」といった，いわば「情報を集める（内容を確認する）発問」といえます。他方④⑤は，教科書本文には直接書いていません。子どもが「う～ん」と思考し答えを導き出す発問と言えます。いわば「考えさせる発問」です。まず教師は子どもに①～③のような発問で内容把握（物語文や説明文の情報収集）を行わせます。そして④⑤のように，子どもに思考判断させ，付けたい力に直結させたり，読みを深めたりさせるための発問を行うことで授業を活性化させることが大切です。

図3　発問の位置付け

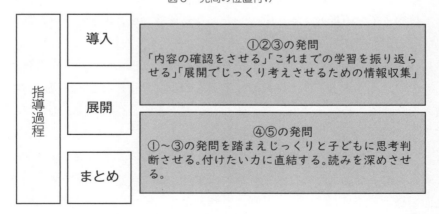

教師が①～③を踏まえず，④⑤のような発問をしても子どもは「？」となる場合があります。1時間の授業設計をした上で，どの発問を「導入」「展開」「まとめ」で行うのかをじっくりと考えて授業に臨むことが大切です。

Q13 授業中における見取りと支援を どのようにしたらいいの？

Answer 目標に応じた見取り，支援をしましょう。

　教師が授業をしている中で以下のような場面はないでしょうか。（例　令和2年度版　光村図書他　2年下「お手紙」）

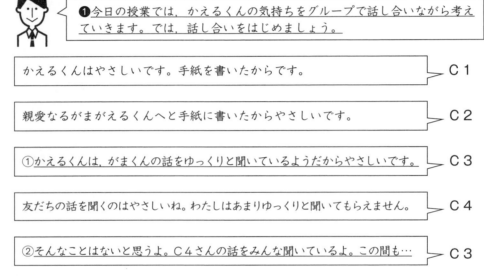

❶今日の授業では，かえるくんの気持ちをグループで話し合いながら考えていきます。では，話し合いをはじめましょう。

かえるくんはやさしいです。手紙を書いたからです。　　　　　　　　 C1

親愛なるがまがえるくんへと手紙に書いたからやさしいです。　　　　 C2

①かえるくんは，がまくんの話をゆっくりと聞いているようだからやさしいです。　 C3

友だちの話を聞くのはやさしいね。わたしはあまりゆっくりと聞いてもらえません。　 C4

②そんなことはないと思うよ。C4さんの話をみんな聞いているよ。この間も…　 C3

　お手紙の教材を使って「場面の様子に着目して，登場人物の行動を具体的に想像すること」を目標として授業している場面です。上のやりとりを行ったC3の子どもへの評価や支援は，どのようにするのが妥当でしょうか。

　まず事前に「かえるくんのどのような気持ちが読み取れたらよいのか」を具体的に考えておく必要があります。そうすることで，教師は子どもの発言を聞きながら，具体的な見取りや言葉がけ，読みを深めるための手立てを講じることができます。C3の子どもは，①「かえるくんは，がまくんの話をゆっくりと聞いているようだからやさしいです。」②「そんなことはないと思うよ。C4さんの話をみんな聞いているよ。この間も…」と述べています。目標は「場面の様子に着目して，登場人物の行動を具体的に想像すること」が目標です。つまり①②の発言からは場面の様子に着目していないと判断されるため，場面の様子が読み取れる叙述から，かえるくんの気持ちを考えさせることが大切です。

　ですから，C3の子どもに言葉がけや支援をするとしたら，次のような言葉がけや読みを深めるための支援が必要となってきます。

①かえるくんは，がまくんの話をゆっくりと聞いているようだからやさしいです。

①に対する教師の言葉がけとして…

 その考えもありますね。

  頑張って発言できましたね。

 頑張って発言できましたね。ところでC3さんは，どこから，ゆっくりとがまくんの話を聞いていると思ったのかな。そのような思いになった教科書の文章や場面を教えてください。

　「×」は，C3が発言した考えそのものを肯定しています。「△」は，発言したこと自体を肯定しています。しかし，「×」「△」ともに読みを深めるための手立てとなる言葉がけは，なされていません。「○」は，発言したこと自体を肯定した上で，C3の子どもが導き出した考えはどこに基づくものなのかを教科書の本文をもとに発言してほしいといった手立てを講じています。「○」の場合，教師が手立てを講じたことで「×」「△」の場合よりC3の子どもは，自分の考えが教科書の本文，場面のどこに基づいたものなのかを教科書の本文から探し理由を強化すると考えられます。根拠を明確にする言葉がけとともに「がまくんに直接，手紙を渡さずに，どうしてかたつむりくんに渡したの？」のようなゆさぶりの発問をすることにより，かえるくんのやさしさを深めていきます。

　このように教師による到達させたい目標を意識した具体的な言葉がけや手立てが，さらなる深い読みへと子どもを誘うのです。また教師が行った❶「…かえるくんの気持ちをグループで話し合いながら考えていきます。…」と漠然とした発問ではなく「…かえるくんのがまくんへの気持ちをグループで話し合います」「かえるくんはやさしいです。それはどこから分かるでしょう。」と発問をすることで教科書の本文に基づいた発言をする子どもが増えると思われます。

　要するに，教師は教材研究の段階で実施しようとする授業の目標を具体化することで，子どもに「何をどこまでさせるのか」が分かると同時に「子どもが書くだろう，発言するだろう表現を具体的に描くこと」が可能となります。教師はそれらに応じた手立てを講じていけば目標に到達することのできる授業を行うことができるのです。

Q14　国語科の指導案（展開案）はどのように書いたらいいの？

Answer　「付けたい力」を中心に据えて書きましょう。最大の準備が子どもと創る最高の授業を生みます。

　指導案は，授業を行う上での設計図のようなものです。いわば，「子どもの学び」と「教師の指導」を繋ぐものであり，指導案を作成することによって，子どもにどのような力を付けたいか，またそのために教師がどのような指導を行うかが明確になります。指導案には決まった様式はありませんが，ここでは「付けたい力」を中心に据えた指導案（展開案）の様式例をもとに，作成上のチェックポイントを示します。

指導案（展開案）の様式　例

1　目標

❶ かえるくんがかたつむりくんに手紙をことづけた理由を考え，がまくんに対する気持ちを捉え表現することができる。

2　展開

児童の活動	教師の指導	
学習活動	留意点（●評価）	備　考
1　前時の場面の音読をする。 （1）〇〇の気持ち 【子どもの反応例】 ・なんでぼくだけ手紙がこないのかなぁ。 （2）〇〇の様子	❹ ・登場人物の気持ちを考えながら読んでいる子どもに「がまくんの気持ちが伝わるよう」等やる気を促す言葉かけをし，活動の方向性を確かめさせる。 〔活動の目的として以下も考えられる〕 ・気持ちを込めて読んでいる子どもには，「なぜ，そのように悲しそうに読んだの？」と理由を聞くことで読解につなげるようにする。	
❷ かえるくんがかたつむりくんに手紙をことづけた理由を考えよう		
2　かえるくんがかたつむりくんに手紙をことづけた理由を考える。	・「かえるくんは，手紙を直接がまくんに渡さないで，どうして，かたつむりくんに渡したの？」とここでかえるくんのやさしさを捉えさせたい。　❹❺ ❻ ●かえるくんがかたつむりくんに手紙をことづけた理由を文章中の記述から捉えることができている。 〔記述例〕「ふたりは，…手紙が来るのを…」から，一緒に手紙の来るのを待ちたいというかえるくんのやさしい気持ちが分かります。	

❸ （左欄外のマーカー）

指導案（展開案）作成のチェックポイント

❶目標が具体的であるか。

> 目標が具体的であれば，指導内容や評価方法も決まってきます。指導案（本時）作成の根本となる部分ですので，「子どもに付けたい力」を明確にして設定しましょう。

❷めあては目標と連動し，子ども目線で書かれているか。
❸学習活動は，具体的であるか。子どもの反応例も書いているか。

> 活動に対する子どもの反応・表現例等をできる限り多く書き，それらを整理・分類してから代表的と思われる反応・表現を書きましょう。

❹留意点は学習活動に対応し，詳しいものであるか。

> 【留意点のバリエーション】
> ・活動の理由　　　　・活動への注意事項
> ・次の活動への展望　・つまずきへの支援
> ・できた子どもへの支援　・発問やその理由　　等

> 一つの活動に一つ以上の留意点を考えます。できるかぎり指導上の留意点を書き上げ，その中から最も重視したいもの，よりつながりの深いものを選んで表記します。たくさんの留意点を考え吟味することがその活動の質を問うこととなり，活動の是非，活動間の関係等が明確になります。

❺中心発問を目標や目指す子どもの姿（読み等）をもとにじっくりと考えたか。

> 付けたい言葉の力がみとれるような発問であるか確認しましょう。そのためには，その発問から考えられるこどもの姿（読み）を考え，整理してみましょう。いくつかの発問を考え，選ぶことも大切です。

❻目標・中心発問・評価が関連したものになっているか。

> 目標・中心発問と連動した評価方法と評価規準を考えましょう。その基準となる子どもの発言例を記載するとよいでしょう。できれば，評価基準（本時の評価のものさし）も考えると，目標を達成できた子どもやできない子どもへの手立てが明確になります。

　上記のポイントにある「目標の具体化」「つまずきの把握とその対応」「目指す子どもの姿（読み等）」「活動の理由の明確化」は，授業の骨格となります。子どもが生み出すであろう，またつまずくであろう場面なども想定しているため，授業で生じる予期していない発言や展開にもある程度の対応が可能となります。ポイント意識することで，子ども意見を引き出しながら目標へと誘う授業が展開できます。

Q15 付けたい言葉の力を身に付けさせるための授業をするにはどうしたらいいの？

Answer　まず，本時の主発問に対する子どもの表現例を具体的に書きます。その後，それらを分類し評価の視点や支援のポイントを明確にして授業に臨みます。

国語科の授業をする際に以下のような困り感はないでしょうか。

> ● どの意見を取り上げていいのか曖昧になっており，結果全部取り上げて板書している。
> ● 意見は出るが，深まらない。深めさせるための手立てが具体的に分からない。
> ● 思っていたような反応が返ってこず困惑する。その際の手立てが分からない。

上のような困り感をなくすために表1を活用し，以下の手順を踏んで授業に臨んでみましょう。目標に迫る具体的な子どもの姿とそれに到達させるための支援の在り方が明確であればぶれない授業となります。（令和2年度版　光村図書他　6年「海の命」を例に考えます。「目標を達成させる授業を行うための5の手順」の具体例は，表1を参照下さい。）

目標を達成させる授業を行うための5の手順

手順1　「何が」できるようになればよいのかを考えます。

・本時の授業で何を身に付けさせるのか，具体的な目標，主発問を考えます。

手順2　「できる」とは具体的にどのような状態なのかを考えます。

・主発問に対する子どもの姿を10個程度書き出し，目指す子どもの姿を具体化します。

手順3　「できる」と「できない」の境目は何かを考えます。

・書き出した子どもの姿を3つの評価（B$^+$・B・B$^-$）に分けます。
　（ABCの表記もありますが，Bから見て何がよくできているのか，できていないかについて明確にするためB$^+$，B$^-$と表記します。）
・「AとB」「BとB$^-$」をどのような判断で分けたのかを考え記載します（判断基準）。
・「B$^-$」はつまずき解消のための支援を，「B」は「A」になるための支援も考えます。

手順4　「つまずき」を乗りこえるために，どのような「支援」が必要かを考えます。

・B－と評価される子どもができないこと，困っていること（つまずき）を解消しBへと引き上げるための，学習過程においての具体的な支援を考えます。

手順5　（発展）評価計画を立てます。

・本時のどの場面（活動）で，何を，どのように評価をするか考えます。

本時だけではなく，単元全体でも上の手順で同様に考えてみましょう。

表1「海の命」目標の具体化，分類シート（例）

本時の目標（子どもに身に付けさせたい力が明確になるように記入する） 手順1

瀬の主との対峙を経ていのちの尊さに気付き，村一番の漁師になった太一を読むことができる。【読】

↓

主発問　太一が「村一番」の漁師になったのはいつだろう。 手順1

主発問に対して出てくる意見（主発問に対する子どもの発言を10個程度書き出す） 手順2

❶　与吉じいさが「村一番だよ」と言ったとき。師匠の与吉じいさの言葉だから。
❷　瀬の主を殺さないですんだとき。本当の漁師は，憎しみで魚の命をとるものではないと思ったところだから。
❸　瀬の主をうちにいったが，うたなかったとき。太一の考えが変わったと思うから。
❹　瀬の主をおとうだと思ったとき。瀬の主をにくむ気持ちがなくなったから。

考え方例 手順3

❶～❹の意見が「B⁺，B，B⁻」のどこに位置づくのか考える。その際に「B⁻とB」「BとB⁺」の意見（視点・読み）の違い（分かれ目）を考える。
事例の場合，❸と❹に着目し，❹はクライマックスでの心の変化に着目しているので「B」と判断し，❸は心の変化が表れていないので「B⁻」と判断した。また，❷と❹は，両方とも，心の変化には着目しているが，❷はさらに物語の本質に迫っている意見である判断し「B⁺」とした。上記の意見の分類からBの判断のポイントは「心の変化を捉えているか」とした。このように目標と照らし合わせながら，手順2で書き出した意見例について判断のポイントを持ちながら「B⁻」「B」B⁺」と分類していく。慣れない間は，複数の先生方と取り組みたい。

それぞれの判断基準のポイントと発言の分類例	支援
B⁺ とした判断基準のポイント 太一の心の変化に注目し，物語が示す本当の漁師について読むことができている。 ❷瀬の主を殺さないですんだとき。本当の漁師は，憎しみで魚の命をとるものではないと思ったところだから。	
B とした判断基準のポイント クライマックスでの太一の心の変化を理由にしている。 ❸瀬の主をうちにいったが，うたなかったとき。太一の考えが変わったと思うから。 ❹瀬の主をおとうだと思ったとき。瀬の主をにくむ気持ちがなくなったから。	
B⁻ とした判断基準のポイント 教科書の言葉の抜粋のみ，中心人物の心の変化に注目していない。 ❶与吉じいさが「村一番だよ」と言ったとき。師匠の与吉じいさの言葉だから。	支援1支援2

B⁻をBに引き上げる，具体的な支援 手順4

支援1：村一番の漁師であり続けたということはその前から村一番であることをおさえる。
支援2：「一人前」と「村一番」の違いについて考えさせる。

【（発展）評価計画（評価方法）】 手順5

（本時）
・評価したい力が測れる問い（発問）の後の記述や発言を把握する。予想していた子どもの反応と異なる場合は，問い（発問）を考え直し再度問い直す。

（単元全体）
・単元導入時にレディネスチェックをする。
・総括的評価として単元末テスト（記述等）を行う。
・パフォーマンス課題（スピーチ，話し合い，意見文を書く等）を設定する。

国語科の宿題はどのように出したらいいの？

Answer 　**目的を持って計画的に宿題（課題）を出しましょう。**

　学校では，毎日当たり前のように宿題を出します。では，何のために宿題を出すのでしょうか。また，その効果はどのようにして見とっているのでしょうか。「みんな出しているから」「とりあえず…」といった漠然とした課題は，子どもたちにとっても教師にとっても教育的効果の低いものになってしまいます。宿題（課題）を出す際には，必ず目的を持ちましょう。そして，出した課題については状況把握も含め，ドリル学習などの正答率（課題解決）の低い子どもへの対応策を考えながら指導に，そして授業へつなげていきましょう。授業と宿題（課題）が連動し，互いに補い合うような関係が望ましいですね。

1　目的を明確にした課題

　漢字学習では，以下のような例が考えられます。目的に応じた学習方法が必要です。

目的例①　正しい形や筆順，部首の定着

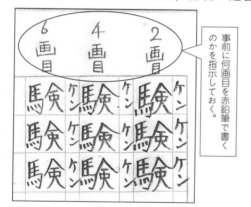

事前に何画目を赤鉛筆で書くのかを指示しておく。

　漢字のノートに順を意識させて新出漢字を書く際に，何画目かを赤鉛筆（色つきのペン）で書かせていきます。そうすることによって，筆順を意識して書けるようになります。また，バリエーションを変え，２画目を赤鉛筆で書いたら，次は４画目というふうにすれば，筆順も覚えられ，視点を変えて練習をすることができます。部首の場合も同様にできます。

目的例②　様々な読みや用途を広げる

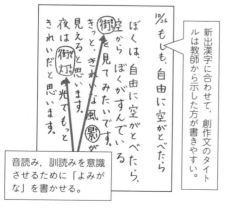

新出漢字に合わせて，創作文のタイトルは教師から示した方が書きやすい。

音読み，訓読みを意識させるために「よみがな」を書かせる。

　音読みや訓読みを意識させるために，習った新出漢字で創作文を書かせてみましょう。新出漢字を実際の文章の中で読んだり書いたりすることで日常生活の中でも活用できるようになっていきます。また，漢字ドリル等に載っている様々な熟語を練習し，同じ音訓を持つ漢字や形が似ている漢字は間違えやすいので赤ペンなどで注釈を加えるなど，目的に応じて様々なバリエーションの指導が考えられるでしょう。

他にも，代表的な国語科の宿題として「音読」が挙げられます。これも必ず目的意識が必要です。音読の教育的効果については諸説ありますが，まずは間違えず詰まらずにスラスラ読むことが必要です。音読の宿題を出しっぱなしにするのではなく，授業等で定期的に「正しく，はっきり，すらすら読めているか」のチェックを行いましょう。

　その他にも，以下のような観点が考えられます。

□句読点を意識して，スラスラ読む。
□間を意識して読む。
□言葉や文の意味を理解する。
□会話文を気持ちをこめて読む。

音読カード等を使って，毎日目標を設定することも有効な手立てですね。（教師が設定する場合や子ども自身に考えさせる場合もあります。）

2　授業と連動した計画的な宿題（課題）

　国語科の宿題（課題）は，音読や漢字学習だけではなく，以下のことにも気を付けましょう。

●授業と連動した宿題

本読み・漢字・進出漢字・意味調べだけになっていませんか。時には，授業と連動した宿題も必要です。例えば，「授業中の主課題についてもう一度考える」等，復習的なもの。また，次の学習の予習的（反転学習的）なものも考えられるでしょう。

【宿題の例】　6年生「海の命」の場合
・「太一がクエをうたなかった理由」についてまとめる。→（単元の予習，または復習）
・「ごんぎつね」のあらすじについて復習しそれを生かして，海の命のあらすじを書く。
　　→（4年生「読むこと」の復習）
・「海の命」に出てくる漢字を使って創作文を書く。　　→（漢字の復習）
・音読し，分からなかった言葉を調べる。　　　　　　→（単元の予習）
・立松和平の「命」シリーズの本を読む。　　　　　　→（単元の充実・発展）

〈発展〉年間計画を立てた宿題

言葉の力は，年間を通して継続的に行いましょう。例えば，6年生の宿題では，4・5年生の国語で学んだ「読むこと」に関する指導事項を含んだプリント等の宿題を計画的に出すことも必要でしょう。系統的な言葉の力を定着されるためにも他の教材を通して何度も練習させることが必要です。

宿題プリントの例

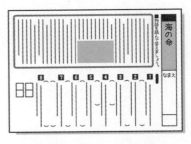

　毎日出す宿題だからこそ，授業とうまく連動し，意図を持って計画的に出しましょう。

Chapter 3

主体的・対話的で深い学びの実現と教材研究

1　国語科における「主体的・対話的で深い学び」とは

1　国語科における「主体的な学び」

　まずは，学習指導要領を見てみましょう。その中では，授業改善の柱として「主体的・対話的で深い学び」が挙げられています。この３つは決して単独での学びではなく，互いに関連し合って成立する学びです。対話で展開される質問で考えてみます。質問は，友だちの発言を理解し，その上で「あーでもない，こーでもない」という自己内対話（内言）をしながら創っています。感想や意見も同様です。このような行為の連続が対話なのです。本質をついた質問や感想が生まれると深い学びに向かいます。ここには，「これについて調べ質問してみよう」等，主体的な学びも生まれていることでしょう。

　このように国語科における「主体的な学び」「対話的な学び」「深い学び」の３つの「学び」は，それぞれが，独立して存在しているものではありません。３つの学びは「三位一体」となっています。「主体的な学び」があるからこそ，充実した「対話的な学び」が生まれ，そのことが「深い学び」へと子どもを誘うのです。さらに「深い学び」が，次の新たな「主体的な学び」を生み，３つの学びの連続性を生むのです（図）。主体的な学びを支える一つに「振り返り」活動が挙げられます。

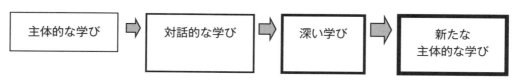

図　三位一体となった連続した学び

　文部科学省は『新しい学習指導要領の考え方―中央教育審議会における議論から改訂そして実施へ―』（2017）の中で，「主体的な学び」の一例を下記のように示しています。

> 学ぶことに興味や関心を持ち，毎時間，見通しを持って粘り強く取り組むとともに，自らの学習をまとめ振り返り，次の学習につなげる

　ここでは，「振り返り」活動が重視されています。子どもが授業の中で行う「振り返り」には次のような視点を持って行うことが考えられます。

> ○　示された課題に対してどこができてどこができていないかを知る。
> ○　示された課題と照らし合わせ，仲間の優れている箇所はどこかを見つける。
> ○　授業を終えて自分自身が成長したところはどこか，次回さらに成長したいと思っている箇所はどこかをこれまでの学習を参考に考える。

○	教師や仲間の励ましでやり遂げることができたことは何かを考える。

上記の紙媒体，発言での振り返りに加え，今後は「オンライン」上での振り返り，音声を文字化する機能を使っての振り返りも可能となります（p.25参照）。いずれにせよ質の高い「振り返り」を行うことで「ここまでできた。さらに○○を頑張ってみよう。」「ここの箇所についてさらに深めていこう。」「私はこの箇所が理解できていない。もう一度学び直そう。」といった声が子どもからあがることが期待されます。それとともに教師は，個々の子どもの学習状況の把握と今後の見通しを持たせることが必要となります。つまりこれまで以上に今後の指針を打ち出すための「見取り」が大切になります。

また単に「振り返り」活動を設定すればよいのではありません。教師は「振り返り活動を位置付けやすい場面」「子どもの学習の足跡を見ることが比較的しやすい教材（単元）」「どのように振り返りをすればよいのか，何を振り返るのかといった具体的な視点」等も考慮しながら設定しなければなりません。反対に上記とは異なり教師が「振り返りの視点を曖昧に提示する」「成長や進歩があまりない場面での振り返りを行う」といった「振り返り」を設定したとしても，子どもを目標や次時への動機づけとなるよう，今後の学習の指針や軌道修正を図るための「振り返り」とはなりません。そのようなことを防ぐためにも教材研究や単元計画，1時間の授業計画といった周到な準備を行うことが不可欠となることは言うまでもありません。

2　国語科における「対話的な学び」

文部科学省は『新しい学習指導要領の考え方—中央教育審議会における議論から改訂そして実施へ—』（2017）の中で「対話的な学び」の一例を下記のように示しています。

あらかじめ個人で考えたことを，意見交換したり，議論したり，することで新たな考え方に気が付いたり，自分の考えをより妥当なものとしたりする _{（原文ママ）}

そこで対話的な学びを促すために心がけるべきことがあります。それが以下の①〜⑩です。

①	【課題／視点】	学習課題が明確である。思考を伴う課題である。
②	【目的／目標】	対話等の目的が明確である。（絞る・広げる・深める対話のいずれであるのか等）
③	【資料】	対話内容が充実するための資料が整っている。
④	【時間】	対話的な学びが十分行われるための時間が保障されている。
⑤	【メンバー】	異質な考えを持つ者同士が対話できるようメンバー構成されている。
⑥	【予測】	「理想的な対話（予想される対話例）」「つまずくだろう対話（支援も含む）」を教師が想定している。
⑦	【手順／方法】	対話するための手順や方法を理解している。
⑧	【イメージ】	対話は対象（人・書籍・先哲の考え等）と創り上げるものと認識して

		いる。
⑨	【内言】	自己内対話をしている。
⑩	【省察】	振り返り対話をしている。

　上記のことを大切にした「教師による明確な指示や問い」が「対話的な学び」から次節で述べる「深い学び」へと向かわせる上で重要となります。

3　国語科における「深い学び」

　深い学びは，これまでに述べた質の高い授業で行われる「主体的な学び」「対話的な学び」によって獲得される学びです。つまり教師は，これまで得た知識をどのように関連付けさせるのか，課題とどのように向き合いながら解決し新たなものを想像させるのかといった「主体的な学び」「対話的な学び」に含まれている学びを実践することが重要です。さらには，それらを教師が子どもの個々の学習状況をどのように把握しフィードバックするかによって，どのような「深い学び」へと向かうかが決まってきます。

　以上のように「主体的な学び」「対話的な学び」「深い学び」の３つの視点は，子どもの学びの過程としては一体化したものであるため，それぞれの内容と相互のバランスに配慮し，子どもの学びの状況を把握し改善していくことが教師には求められます。

2　国語科の教材研究

1　「話し合い」教材における教材研究の仕方

　日本教材学会（2016）は，今日の学校教育現場の現状を以下のように述べています[1]。

> ・教師の教育力や指導力，研究力の低下が大きな問題となっている。
> ・教師の教材等についての研究不足や教える技術の未熟さがある。等

　このことは国語科の授業づくりに関しても同様のことが言えると考えられます。また編著者が小学校教諭54名（兵庫県内の公立小学校4校）に実施したアンケート結果には「話し合い」教材における教材研究に関して以下のような記述が複数見られました。

> ・「話し合い」に焦点を絞った教材研究に関する書籍が少なく，教材研究に自信が持てない。
> ・「話し合い」教材の教材研究にかける時間が他領域の教材に比べて短く，付けたい力に迫る授業実践が十分できていない。等

　上記の結果を踏まえると，小学校現場で指導している方の中には「話し合いの指導方法につながる教材研究をあまり詳細に行っていない。」「どのような視点を踏まえて，教材研究をすればよいのかが曖昧である。」「そもそも，話し合い指導を行う際にするべき，教材研究が分からない。」と思われる方が多いのではないでしょうか。本書では「話し合い」（合意を目指す話し合いの場合）指導を行うために「話し合い」教材に見られるモデル文を活用した教材研究方法（一案）について述べます[2]。以下①～④の手順で教材研究をしてみましょう。モデル文（令和2年度版　光村図書　4年下「クラスみんなで決めるには」）をもとに解説します。

> ### 話し合い教材における教材研究の手順（一案）
> ①　教科書のモデル文中の役割を確認する。（司会，参加者，記録係，提案者等）
> ②　モデル文の進め方を考える。＊進め方の記載がない場合は「まとまり」を見付け，見出しを付ける。
> ③　別紙にモデル文で示されている司会の発話と参加者の発話をそれぞれ上下に書き分け，単元目標に迫る重要な役割を果たしていると考えられる発話を囲む。
> ④　モデル文を見返し，気付きを書き出す。

①　教科書のモデル文中の役割を確認する。（司会，参加者，記録係，提案者等）

　モデル文は「グループで話し合うもの」「クラス全体で話し合うもの」と様々な形態をとっ

---

[1]　日本教材学会編（2016）『教材学概論』図書文化社
[2]　本実践の詳細は次の書籍を参照されたい。長谷浩也・重内俊介著（2018）「小学校国語科　合意形成能力を育む『話し合い』指導─理論と実践─」明治図書，長谷浩也編著（2019）「小学校国語科『話すこと・聞くこと』の授業パーフェクトガイド」明治図書

ています。またグループ，クラス全体等，話し合いの形態を問わず，話し合いを運営する上での役割がそれぞれ割り当てられています。例えば，司会，記録係，計時係，提案者，参加者です。このような役割をモデル文から探し出します。同時に何名での話し合いなのか人数も確認します。以下に示すモデル文は，司会（北山）１名，参加者が池田，小森，大木，川上，黒田，原田，木村の７名，記録係が竹中の１名で話し合いが進められていることが分かります。（本教材では，クラス全体での話し合いとなっています。モデル文に中省略が見られるため，参加者等の役割も割愛されていると考えられます。）

モデル文（教科書 pp.38-40）

どれにするかを考える					どうやって決めるかを考える			意見を出し合う			議題をたしかめる
司会	木村	原田	司会	司会	黒田	川上	司会	大木	小森	池田	北山

司会　話し合いの時間は、あと五分です。記録係の竹中さんが表にまとめてくれました。じゅんびに時間がかからず、心がこもっているものは、かんしゃじょうをわたすことと、そして歌です。この中から、どれにするとよいでしょうか。

（後略）

木村　そう言われると、いっしょに遊んでも、かんしゃの気持ちは伝わらないかもしれません。考えを変えます。この中では、―。（中略）

原田　「いっしょに遊ぶ」を提案した木村さんに、しつもんです。いっしょに遊んでも、どんな遊びをしたら坂さんたちにかんしゃが伝わるでしょうか。

司会　まず、それぞれの案について、分からないことがないかたしかめます。―はい、原田さん。

司会　―他の人はどうですか。他になければ、じゅんびに時間がかからず、心がこもっているものを、話し合って決めましょう。

黒田　ぼくは、かんしゃの気持ちが伝わるように、ぼくたちの心がこもっているものを選ぶといい

川上　はい。お礼の会まであと十日しかないので、じゅんびに時間がかからないものにしたほうが

司会　全部で五つの案が出ました。次に、この中からどうやって決めるかを考えます。考えがある人はいますか。―考えが出ないようなので、はんで相談する時間を二分取ります。―では、川上さん、黒田さんの順でおねがいします。

大木　わたしは別の意見なのですが、学校農園で作っているさつまいもを、いっしょに食べるといい

小森　ぼくも、池田さんと同じように、かんしゃじょうがいいと思います。クラス全員でひと言ず

池田　はい。ぼくは、かんしゃじょうをわたしたいと思います。言葉にして伝えることができるからです。そうすれば、ぼくたちの気持ちを

北山　今日は、ちいきの学習でお世話になった坂さんたちへのお礼の会で、何をするかを決めます。初めに、何をしたいか、意見を出し合います。次に、どうやって決めるかを考え、その決め方にそって話し合います。それでは、意見のある人は、手を挙げてください。―では、池田さん、小森さん、大木さんの順でおねがいします。

令和２年度版光村図書国語四下「クラスみんなで決めるには」一部抜粋

・○囲み→司会
・□囲み→参加者
・記録は上のモデルでは割愛されている。

② モデル文の進め方を考える。＊進め方の記載がない場合は「まとまり」を見付け，見出しを付ける

　モデル文には，物語文や説明文の段落や場面に当たる「まとまり」が存在します。先に挙げたモデル文は「議題をたしかめる」→「意見を出し合う」→「どうやって決めるかを考える」→「どれにするかを考える」となっています。子どもには，上記の進め方をモデル文中の発話

と一致させながら理解させることが大切です。理解させるための手立てとして以下のような指導が有効です。

> ・子どもに「議題をたしかめる」「意見を出し合う」等の札を各自持たせる。教科書のモデル文を伏せさせて、やりとりを聞かせる。聞かせる中でどこの箇所のやりとりかかが分かった時点で、札を挙げさせる。
> ・教師が「議題をたしかめる」「意見を出し合う」という話し合いの進め方を伏せて、別紙にモデル文を書いたものを用意する。子どもにモデル文を見せまとまりを見付けさせ、見出しを考えさせる。
> ・モデル文の中には「―」が見られる。モデル文のやりとりに合うように子どもに「―」の発話を考えさせる。（話し言葉、書き言葉のいずれで考えさせてもよい）

　また、教科書が示す「議題をたしかめる」「意見を出し合う」という話し合いの進め方をモデル文中の発話と一致させるとさらに細かい進め方があることが分かります。例えば「どうやって決めるかを考える」とした箇所で「全部で五つの案が出ました」という司会の発話があります。この発話から考えると教科書が示す進め方の中に司会の整理が入ってもよいことが分かります。同様に「どれにするかを考える」とした進め方の箇所で原田の「『いっしょに遊ぶ』を提案した木村さんに、しつもんです。」といった発話やそれに対する木村の応答から考えると「**質問する**」とした進め方が入ってもよいことが分かります。このように、発話とともに話し合いの進め方を見直すことで話し合い指導をする際に必要なポイントが見えてきます。なお、進め方の記載が見られない場合は、下図のように「まとまり」ごとに教師が見出しを付けるようにします。その後、複数の教師で見出しの妥当性を検討します。

図　「まとまり」に見出しを付けたもの（例）

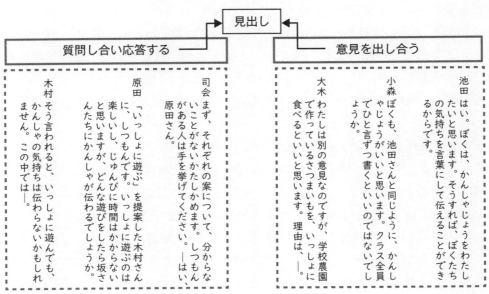

見出し

質問し合い応答する　　　　　　　　　　　意見を出し合う

司会　まず、それぞれの案について、分からないことがないかたしかめます。しつもんがある人は手を挙げてください。　―はい、原田さん。

原田　「いっしょに遊ぶ」を提案した木村さんに、しつもんです。いっしょに遊ぶのは楽しいし、じゅんびに時間はかからないと思いますが、どんな遊びをしたら坂さんたちにかんしゃが伝わるでしょうか。

木村　そう言われると、いっしょに遊んでも、かんしゃの気持ちは伝わらないかもしれません。この中では―。

池田　はい。ぼくは、かんしゃじょうをわたしたいと思います。そうすれば、ぼくたちの気持ちを言葉にして伝えることができるからです。

小森　ぼくも、池田さんと同じように、かんしゃじょうがいいと思います。クラス全員でひとずつ書くといいのではないでしょうか。

大木　わたしは別の意見なのですが、学校農園で作っているさつまいもを、いっしょに食べるといいと思います。理由は、―。

③　別紙にモデル文で示されている司会の発話と参加者の発話をそれぞれ上下に書き分け，単元目標に迫る重要な役割を果たしていると考えられる発話を囲む。

　モデル文の内容をつかむために，①で確認した役割の者が，どのような発話をしているのか把握することに努めます。例えば図のように司会と参加者の発話を分けて書き出します。そうすると，いくつの「発話」でモデル文が構成されているかが分かります。また双方の発話の中で，付けたい言葉の力につながる発話を囲むことで，その発話が明確となり，そのようなやりとりをさせるために，どのような指導が必要となるのかを考えるきっかけとなります。

図　発話を書き出したもの（例）

　司会，参加者の目指すべき言葉の力に対応する発話を囲みます。例えば，司会が「ところどころで，そこでまでに出た意見をまとめる」という言葉の力の獲得を目指す場合，そのことについて発話している箇所を囲みます。上記では，❶「全部で五つの案が出ました。」という発話が該当します。また参加者が「前の人の意見を受けているのか，違うことを話すのかを，発言の初めに言う。」という言葉の力の獲得を目指す場合は❷「ぼくも，池田さんと同じように，かんしゃじょうがいいと思います。（後略）」「わたしは別の意見なのですが，学校農園で作っているさつまいもを，いっしょに食べるといいと思います。（後略）」の発話が該当します。このような発話を言葉の力に応じて囲み，教師自身が言葉を見つめることで，具体的な指導イメージがわきます。

④　モデル文を見返し，気付きを書き出す。

　モデル文全体を見渡し，手順①〜③以外の司会，参加者等の発話やその他の役割で気付いたことを書き出します。例えば「…（略）とした箇所がある」「黒板に記録する例がモデル文と一緒に記載されている」「記録係の発言は見られないが，表で整理した例がモデル文と一緒に記載されている」といった気付きが考えられます。そこで教師は，子どもに「『…（略）』の部分では，どのような『やりとり』がなされていたのかを考えさせ，実際に書き出させる」「モデル文のやりとりから，あなたが記録係ならどんな記録をとるかを考えさせ実際に書かせる」

等の活動を仕組むことが考えられるようになります。つまり話し合い指導をする上で，具体的に何を指導しなければならないのか，そのアイデアがうかぶようになるのです。

　「『司会』『参加者』を上下に分け言葉を書き出す方法はやりとりが可視化され分かりやすい」といった教員の肯定的な感想もあります。読者の方，一度チャレンジしてみてください。

2 「物語文」教材における教材研究の仕方

　まずは，教師自身が教科書の手引きに書かれている問いについて，教材文を読み答えます。その後，指導書を読んだり，教材文に書かれている言葉や文章に着目したりします。そこからどんなことが読み取れるか，どんなことを子どもに考えさせるのかを教材文に書き込んだり，ノート等に書き出したりしながら，授業展開について考えてみましょう。

　教師が行う物語文教材における教材研究の仕方については，様々な方法があります。例えば，教材文に関係する市販の書籍を読む，教科書や指導書を読む，インターネット等を活用し過去に実践された指導案を見る等が考えられます。

　以下，物語文における教材研究方法の一案について紹介します。（令和２年度版　光村図書４年下「ごんぎつね」を例にします）

物語文における教材研究の手順（一案）

① 　教科書 pp.30-31に記載されている手引きにある「とらえよう」「ふかめよう」「まとめよう」「ひろげよう」それぞれに書かれてある問いに答える。
② 　指導書を読み，毎時間の授業展開を知ったり，取り上げている作品の背景を知ったりする。
③ 　「ごんぎつね」の本文中の言葉や文章に着目し，そこから読み取れることを「会話」「行動」「様子」「心情」に線を引きながら書き込む（ノート等に実際に板書するようにまとめてもよい）。
④ 　①②③を踏まえて，発問を考えたり，実際に行う授業展開について考えたりする。
　　＊①②③は指導者によってどの順番でおこなってもよい。

以下，①〜④の内容について解説します。

① 　**教科書 pp.30-31に記載されている手引きにある「とらえよう」「ふかめよう」「まとめよう」「ひろげよう」それぞれに書かれてある問いに答える。**

　教科書 pp.30-31には「とらえよう」「ふかめよう」「まとめよう」「ひろげよう」とした記載が見られます。そこにはそれぞれ「『ごん』は，どんなきつねですか。それは，どこから分かりますか。」（とらえよう），「情景や，場面の様子が目にうかぶような表現を見つけましょう。そして，その表現からどんなことが分かるかを，友達と話しましょう。」（ふかめよう），「くわしく読んで分かったことや感じたことをもとに，物語や人物についての考えをまとめましょう。」（まとめよう），「考えたことを発表しましょう。そして，さらに考えを深めたいことにつ

いて，グループでテーマを決めて，話し合いましょう。」（ひろげよう）等，単元計画を考える上で参考となる問いが設定されています。同様に令和２年度版東京書籍４年下「ごんぎつね」には，「ごんは，どこにすみ，いつもどのようなことをしていましたか。『一』を読み，この物語の「時」「場所」「人物」をたしかめましょう。」と問いが設定されています。これらについて，教師が子どもになったつもりで，問いに答えてみるのです。その際，クラスの子どもをイメージしながら，発言を考えてみましょう。

> 手引きにある問い。ノート等に書き出して答えるようにするとよい。クラスの子どもが考える事をできる限り書き出す。

●手引き「とらえよう」を活用した問いとそれに対して書き出した答え

（問１）「ごん」は，どんなきつねですか。それは，どこから分かりますか。

（答）　・ひとりぼっちの小ぎつねです。教科書p.12に「ひとりぼっち」と書いてあるからです。

　　　　・しだのいっぱいしげったところにすんでいる小ぎつねです。それは，教科書p.12に「しだのいっぱいしげった森の中に…」と書いてあるからです。

> 下線のようにどの文章からそのように答えるのか予測しながら書き出す。

　　　　・動物の世界と人間の世界，どちらの世界にも属することのできない小ぎつねです。教科書p.12の「その中山から少しはなれた山の中に」のところから思いました。

> 教科書の記述からは，直接答えを導くことのできないものについても書き出しておく。後の発問を考える際に参考となる。

（問２）ごんと兵十の気持ちを確かめましょう。「ごん」が「兵十」にしたことと，そのときの「ごん」の気持ちを考えましょう。

> 書き出すことで，ワークシートを利用させるか，ノートにまとめさせるか，表にして書かせるか等，それぞれのメリットデメリットを考える事につながる。教師が教材作成をする際のアイデアがうかぶようになる。

（答）　１場面　【ごんが兵十にしたこと】　兵十がとった魚やうなぎにいたずらをした。

　　　　　　　　【ごんの気持ち】　　　　　　いたずらがしたくなった。

②　指導書を読み，毎時間の授業展開を知ったり，取り上げている作品の背景を知ったりする。

　　毎時間の授業展開やそれに伴う板書がどのように記載されているのかを確認しましょう。教師自身が単元計画を組む際に，クラスの実態，付けたい力に応じてアレンジも可能です。また，着目したい表現や作品が書かれた背景，作者の生い立ちついても記載されていることがあります。それを知ることも大切な教材研究となります。

③　「ごんぎつね」の本文中の言葉や文章に着目し，そこから読み取れることを「会話」「行動」「様子」「心情」に線を引きながら書き込む（ノート等に実際に板書するようにまとめてもよい）。

　　③では次のことを本文等に書き入れましょう。

　　ア　「会話」「行動」「様子」「心情」が分かるところに線を引く。

イ　アから読み取れることをすべて書き入れる。

ウ　アやイから関係する箇所を線等で結ぶ。

エ　イウから推測できること，さらに分かったこと，疑問等を書き入れる。

※書き方の詳細は下図を参照

　書き込む際は，ノートに本文を写し，その上で書き込みをしたり，Ａ３用紙１枚に本文を全て写し（縮小コピーしても可）書き込みをしたり，教科書に直接書き込みをしたりしても良いかと思います。またノートに板書するように，キーワード等を書き込むのも一案です（下図）。書き込みをする際は，教師自身が教科書を手元におき本文を声に出して読むことで子どもに着目させたい文章や，子どもにとって言葉の意味が文脈の中で捉えにくいものの発見，文章と文章の関係を捉えやすくなります。

　③の過程が，後の発問づくりや授業展開を考える際の大切なポイントとなります。一番時間を割く箇所です。複数の教師と行う等丁寧に進めていきましょう。

図　物語の展開や言葉の繋がりを把握するための書き込み例

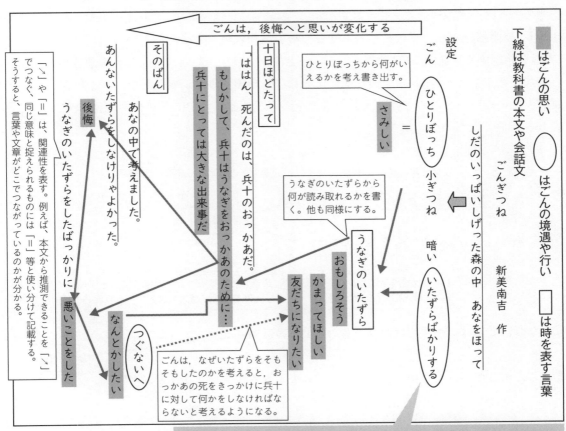

④ ①②③を踏まえて，発問を考えたり，実際に行う授業展開について考えたりする。

　①②③を踏まえて，発問づくりをしていきましょう（見開きで20個程度）。では，教科書pp.12-13では，どのような発問が考えられるでしょうか。まずは，考えたものから書き出してみます。

教科書 pp.12-13で考えられる発問例

① どの時代のお話ですか。

② ごんぎつねは，どんなきつねですか。

③ ごんは，どんないたずらをしましたか。

④ なぜ，ごんはいたずらばかりするのでしょう。

⑤ ごんがしたいたずらは，百姓にとってはどんなものといえますか。

⑥ あなの中にいるごんは，どんなことを思っていたでしょう。

⑦ なぜごんは，ほっとしてあなからはい出たのでしょう。　等

> 見開き1ページで，20個を目安に発問を考えてみる。まずは，考えついたものを挙げる。その後，目標に沿って有効と考えられる発問を3個程度取り上げ，その理由を考えるようにしたい。

　先のように，20個程度考えます。その後，「内容を確認させる」「これまでの学習を振り返らせる」「展開部分でじっくりと考えさせるための情報収集をさせる」といった「情報を集める（内容を確認する）発問」（2個程度）と「子どもが『う～ん』と思考し答えを導き出す発問」いわば「考えさせる発問」（2個程度）にそれぞれ分類します。それらを，授業展開（導入・展開・まとめ）のどこでどの発問をするかを決めることが大切になります。（発問については p.116を参照ください。）

授業展開（導入・展開・まとめ）で必要であると考える発問4つ（例）

② ごんぎつねは，どんなきつねですか。　← ┐
　　　　　　　　　　　　　　　　　　　　　　　導入

③ ごんは，どんないたずらをしましたか。　← ┘

> ②③は，教科書を見ると，ある程度すぐに答えられるもの。いわば「情報を集める発問」といえる。登場人物の設定等を確認するときに有効である。授業の導入で行う発問と位置付けたい。

④ なぜ，ごんはいたずらばかりするのでしょう。　← ┐
　　　　　　　　　　　　　　　　　　　　　　　　　　展開

⑤ ごんがしたいたずらは，百姓にとってはどんなものといえますか。　← ┘

> ④⑤は，教科書を見ても，すぐに答えが得られにくいもの。前後の文章や，ごんが置かれている立場，時代背景から導き出されるもの。子どもが答えを出すのに「う～ん」と思考するものと考える。授業の展開で行う発問と位置付けたい。

教科書の目標を踏まえて，学習の手引きや指導書の展開を見ながら考えた発問をどこで行うかを考え，授業に臨みましょう。もちろん，教師が考えた発問に対してどのように子どもが答えるかを考えておくことは必須です。

3 「説明文」教材における教材研究の仕方

まず教師自身が教科書の手引きに書かれている問いについて，教材文を読み答えます。次に教材文に書かれている言葉や文章に着目します。教材文からどんなことが読み取れるのか，子どもに考えさせるポイントはどこか等を教材文に書き込んだりノート等に書き出したりしながら，授業展開について考えます。

説明文の教材研究方法も様々です。前項「『物語文』教材における教材研究の仕方」を参照し，同様の手順で進めてみましょう。ここでは以下の手順③について具体的に解説します。（令和2年度版　光村図書　2年上「たんぽぽの　ちえ」を例に解説します）

説明文における教材研究の手順（一案）

①　教科書 pp.48-49 に記載されている手引きにある「とらえよう」「ふかめよう」「まとめよう」「ひろげよう」それぞれに書かれてある問いに答える。

②　指導書を読み，毎時間の授業展開を知ったり，取り上げている作品の背景を知ったりする。

③　「たんぽぽの　ちえ」の本文中の言葉や文章に着目し，そこから読み取れることを「時間の順序を表す言葉」「たんぽぽが行っている　ちえ」「ちえを行っているわけ」等に線を引きながら書き込みする（ノート等に実際に板書するようにまとめてもよい）。

④　①②③を踏まえて，発問を考えたり，実際に行う授業展開について考えたりする。

　＊①②③は指導者によってどの順番でおこなってもよい。

---

③では実際に「たんぽぽの　ちえ」の本文を見て「時間の順序を表す言葉」「たんぽぽが行っている　ちえ」「ちえを行っているわけ」が分かるところに線を引いたり，それらの関係性を線でつないだり，そこから読み取れることを書いたりしていきます。ノートに本文を書いて書き込みをしたり，A3用紙1枚に本文を全て書き（教科書を縮小コピーしても可），書き込みをしたり，教科書に直接書き込みをしたりしても良いかと思います。またノートに実際の授業で板書するように，キーワード等を書き込み，そこに教師自身が関連性やつながりを図示するのも一案です（次頁の書き込み例を参照）。いずれの場合も書き込みをする際は，本文を声に出して読みましょう。子どもに着目させたい文章や，言葉の意味が文脈の中で捉えにくいものの発見，文章と文章の関係を捉えやすくなります。

③の過程が，後の発問づくりや授業展開を考える際の重要なポイントとなります。一番時間を割くべき箇所です。複数の教師と行い，情報交換する等，丁寧に進めていきましょう。

図　説明文の展開や内容を把握するための書き込み例

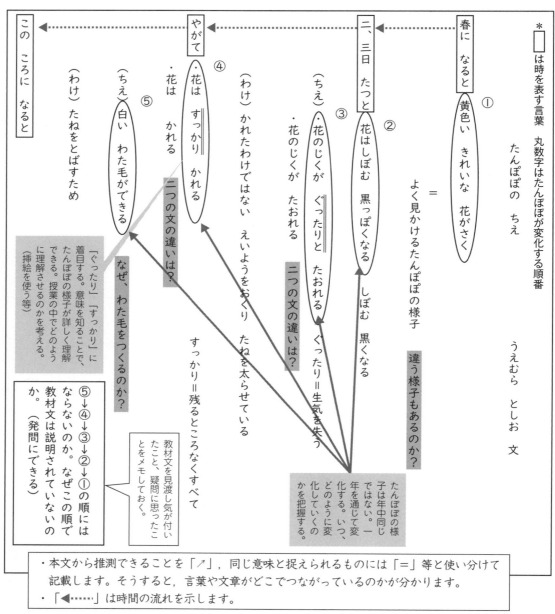

・本文から推測できることを「↗」，同じ意味と捉えられるものには「＝」等と使い分けて記載します。そうすると，言葉や文章がどこでつながっているのかが分かります。
・「◀……」は時間の流れを示します。

【書き込みのポイント】

□教材文や言葉から何が読み取れるかを具体的に記入する。疑問点等もメモをしておく。

□気になる言葉は辞書を引き意味等を書き込む（できれば子どもが活用する辞書で引く）。

□関連性があるものは，矢印や線，囲みでつなぐ。

→これらの書き込みは，子どもに捉えさせたい内容，問いたい発問や授業展開，それに応じた板書を考える材料となります。

おわりに

　本書は，小学校国語科の授業展開の在り方，指導のポイント等を国語教科書に収録されている教材を通して解説しました。

　また Chapter 1 では「目指す子どもの姿」「具体的な活動」「単元計画」「指導のポイント」「そのまま使える！活動の流れ」「プラス α」，Chapter 2 では国語科における指導法や普段授業を行う中で出てくるだろう疑問点等を「Q&A」形式で提示し，日々の授業で即活用できる構成としました。さらに Chapter 3 では「主体的・対話的で深い学び」についての考え方や話し合い，物語文，説明文それぞれにおける教材研究の手順を示しました。

　とりわけ Q&A で示した Chapter 2 の中では，教師が国語科の授業を進める上で考えなければならない「発問」「評価」「指導案作成」等についてどのように行うのかを具体的に解説しました。

　さらにコロナ禍でクローズアップされ教育界だけに留まらず，活用が一気に進んだテレビ会議システムやオンライン授業。また予定より早期に実現する文部科学省が進めるタブレット端末の1人1台の使用。本書は，それらを見据えた活用事例も提示しました。

　「新しい生活様式」それを踏まえた「新しい学習様式」における指導の在り方は，全国各地でまだまだ模索中であると推察されます。「新しい学習様式」を踏まえた学習指導を行う際にはソーシャルディスタンスといった社会的距離を保つことが求められています。しかしながら，教師と子ども，子ども同士の心の距離を縮める為の国語科の指導の在り方は，考えなければなりません。

　そのような状況下で，学校教育現場での教師を志す学生，「国語科の指導に自信がない」「教科書教材の具体的な授業展開例を知りたい」といった経験年数の浅い教師の方にとって本書は，あるべき方向性を指し示した羅針盤となりうることを自負しております。

　本書を手にとった方から「国語科の各領域の授業展開，付けたい力を身に付けるための授業展開のポイントが具体的に分かった」「単元を展開する中で，子どもがつまずきそうなところを解消するための手立てが分かった」等，「取り組もう」「実際に指導してみよう」といった声が聞こえてくることを願っています。

　最後になりましたが，明治図書の林知里さんには，前回の書籍から引き続き長期間にわたり辛抱強く本書の企画段階から完成に至るまで丁寧に関わっていただきました。読者の皆様に読んでいただけるよう的確なアドバイス，頁構成，見やすいレイアウト等，大変お世話になりました。心より感謝申し上げます。

2021年6月

編著者　長谷浩也　重内俊介　清瀬真太郎

【執筆協力者】

岩下　真一郎（いわした　しんいちろう）　兵庫県宝塚市立公立小学校教諭

谷口　祥子　（たにぐち　さちこ）　兵庫県姫路市立公立小学校教諭

前田　貴代　（まえだ　たかよ）　兵庫県姫路市立公立小学校教諭

村津　啓太　（むらつ　けいた）　兵庫県新温泉町立公立小学校教諭

【編著者紹介】

長谷　浩也（はせ　ひろなり）
兵庫教育大学大学院修了　教育学修士
兵庫県姫路市立公立小学校教諭，姫路市教育委員会指導主事を経て，現在，環太平洋大学次世代教育学部学部長，教授。光村図書小学校国語教科書編集委員。
主な著作として『小学校国語科　対話が子どもの学びを変える指導のアイデア＆授業プラン』（単著），『小学校国語科　合意形成能力を育む「話し合い」指導—理論と実践—』（重内俊介氏との共著），『小学校国語科　「話すこと・聞くこと」の授業パーフェクトガイド』（編著者，いずれも明治図書）など多数。

重内　俊介（しげうち　しゅんすけ）
兵庫教育大学大学院修了　教育学修士
現在，兵庫県姫路市立公立小学校教諭。
主な著作として『小学校国語科　合意形成能力を育む「話し合い」指導—理論と実践—』（長谷浩也氏との共著），『小学校国語科　「話すこと・聞くこと」の授業パーフェクトガイド』（分担執筆者，いずれも明治図書）などがある。

清瀬　真太郎（きよせ　しんたろう）
兵庫教育大学大学院修了　教育学修士
現在，兵庫県姫路市立公立小学校教諭。
主な著作として『小学校国語科　「話すこと・聞くこと」の授業パーフェクトガイド』（分担執筆者，明治図書）などがある。

〔本文イラスト〕木村美穂

豊富な実践事例とQ&Aでよく分かる！
小学校国語科の授業づくり

2021年7月初版第1刷刊　©編著者　長　谷　浩　也
　　　　　　　　　　　　　　　　重　内　俊　介
　　　　　　　　　　　　　　　　清　瀬　真　太　郎
　　　　　　　　発行者　藤　原　光　政
　　　　　　　　発行所　明治図書出版株式会社
　　　　　　　　　　　　http://www.meijitosho.co.jp
　　　　　　　　（企画）林　知里（校正）芦川日和
　　　　　　　　〒114-0023　東京都北区滝野川7-46-1
　　　　　　　　振替00160-5-151318　電話03(5907)6703
　　　　　　　　　　　　ご注文窓口　電話03(5907)6668
＊検印省略　　　組版所　株式会社アイデスク

Printed in Japan　　　　ISBN978-4-18-349919-6
もれなくクーポンがもらえる！読者アンケートはこちらから→

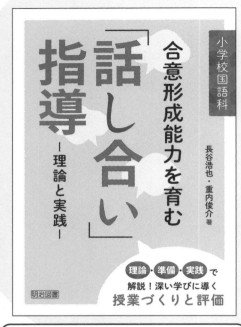
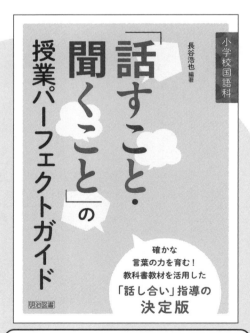